生活沒有變得更好，
只是我們變得從容

達達令——著

目錄

熱鬧是他們的，我什麼也沒有

他們會告訴你無數過來人的經驗，
於是我們可以避免走彎路或者減少跌倒的次數，
但是從另一個角度來說，他們也是盲目的，
他們說的都是他們認為對的一切，
但是這些建議在你身上
是否就能夠成立或者付諸執行呢？

大學考試的成績出來了，接著要填志願分發學校了，我的表妹身為今年大學考試大軍的一員，第一時間發訊息給我說，姊你幫幫我，我的腦子一片混亂！

於是我趕緊回覆說，你別慌，慢慢來，填志願的時間還有幾天，還是可以分析一下選個好學校的。

我開始習慣性的問表妹，你有什麼屬意的科系嗎？

她回答，我都不知道這些科系是什麼意思。

我說那你知道你喜歡的是什麼嗎？

表妹說，我從來沒想過，加上讀書太忙，根本就沒有時間思考將來的選擇。

這一刻我把時光倒回到我考大學的那一年，那個夏天，我拿著自己的成績去找老師，告訴他我想去外地，我想讀新聞相關科系，於是老師就幫我挑了學校，差不多一個小時的時間，就搞定了。

所以我很疑惑，為什麼現在我的表妹就不能像我那樣果斷一些？後來我發現並不是所有的小孩都能夠在十八歲這個年紀為自己的人生做出選擇的，更何況是這麼大一件事情。

我事後回想起自己這個有些草率的決定時也會有些後怕，萬一自己當年搞砸了，那會是多麼恐怖的一件事情！

雖然如今的我已經開始明白一些道理，比如說好的大學不一定能改變你的命運，不好的大學也並不意味著你這一輩子就完了，我身邊太多奇葩冷門科系畢業的同事後來做了設計師、工程師或者是產品經理，我能舉出一大堆的例子。

但是這一刻不行，這一刻她沒有時間接受太多世界觀式的大道理，她時刻想著該挑哪個學校哪個科系能夠在這四年將她的利益最大化，所以我沒有辦法用長遠的眼光邏輯去跟她溝通。

我試著用靠近她這個年齡的思考方式，去為她解讀填志願這件事情。

在我的經驗裡，填志願的選擇次序應該是城市、學校、志願，當然這僅僅是我的個人感受而已。

因為表妹想去外地讀書，我們家鄉只是個小地方，所以挑選學校最好是一些發達城市，否則就沒有離開家鄉長見識的必要了，當然如果想要去一些有特色的邊緣地區感受一下也是可以的，比如說南方的孩子可以去到北方或者中部地區的城市，但是從大方向上說，經濟發達的一線城市還是最好的選擇。

身為小鎮上長大的孩子，去到一個嶄新的城市，如果這個城市經濟發達，城市建設不錯，那就意味著形成的城市人文氣息也會夠特別，這樣的城市格局也意味著有更多磨練自己跟成長的機會。

其次是選擇學校，城市選定了，那就看看這裡有多少自己可以選擇的學校，因為表妹是社會組，我建議她選擇偏社會組優勢的學校，這樣學校也能夠提供學生更多的資源跟視野。

最後一個就是選科系了，我耐心的引導表妹，我說既然你不知道每個科系代表什麼，你也不知道自己喜歡什麼，那我就縮小範圍說，現在社會組的熱門方向有經濟學、工商管理、語言學，普通一類的有文學類，這些大類細分下來就延伸到很多具體的科系。

我問表妹，你以後畢業出來想做什麼樣的工作？是喜歡跟資訊打交道，還是對語言感興趣，或者就是想做廣告或者市場行銷一類的？

表妹回答，我喜歡偏廣告傳媒類的，語言方面也可以接受。

我說，這樣範圍就縮小很多了不是嗎？你就按照這個邏輯一點點縮小範圍，然後選出一個滿意的學校，再挑選幾個候補的學校就好。

表妹聽了我的話，於是花了一天去參照招生資料做了一個分析表。

下午表妹的爸媽也跟著打電話過來了，電話裡叮囑我一定要幫忙，然後希望能夠挑一個對表妹以後找工作有幫助的科系，這樣他們就可以放鬆一些了。

我一一安慰兩個大人，回答說我盡量幫表妹梳理想法，但是我給的只是建議，最後的決定還是要靠她自己去把握。

沒想到說完這一句，大人就急了，「這怎麼可以聽她的呢？她還是個孩子啊！這麼重要的事情她沒有那個能力判斷啊！小令你是我們家見識最多的大學生，你要是不幫這個忙那她以後就不知道該怎麼走下一步了呀！」

在幾輪溫柔禮貌的安慰也沒有發揮作用的時候，我終於強硬的回覆了兩個大人，你們不能這麼狹隘的想，我會盡量幫忙，但是孩子的人生需要她自己做主，更何況我當年根本沒有一個人指導我填志願這件事情，從這個意義上來說，表妹算是幸運的。

這一番下來，表妹的爸媽終於安靜下來，我知道他們焦急擔心的心情，這種天下父母心的感受我是一一體會過的，於是我說就讓我跟表妹直接溝通吧，最後有選擇了再讓你們最後拍板一下。

第二天，表妹跟我說，我差不多把幾個學校都挑好了，可是感覺每一個學校都差不多，而且我不知道萬一沒選對以後會不會後悔？

到了這個地步了，我覺得應該是給她價值觀上一些疏導的階段了。

我告訴表妹說，我們沒有辦法透過自己選擇的學校和科系去評定這個選擇對不對，更不能用這個選擇來去證明其他的選擇會不會更好，因為即使在同一個城市同一個學校同一個科系同一個班級裡，每個人的成長道路軌跡都是不一樣的，在大方向的選擇大致正確以後，剩下的就是你的內在驅動力的作用了。

表妹問，什麼叫內在驅動力？

我回答，通俗的來說，很多人的邏輯是：因為我選的學校不好，所以我沒有得到好的條件讓我好好讀書，導致我的大學迷茫無所事事，最後走進社會的時候，像個沒有辦法適應的未斷奶孩子。

而有內在驅動力的邏輯是：我希望將來自己往哪個方向工作發展，所以在大學讀書時應該準備一些能力跟技能，其中有些我可以在學校科系現有的條件裡歷練跟進步，而其他那些我目前沒有的條件，就要想辦法去開拓了。

我告訴表妹，這是兩條順著往前或者倒推回來規劃的不同思維，我當年沒有這麼清晰的邏輯，只是心裡大概有一個方向，而且恰好很幸運的沒有走錯，如今你要明白這個邏輯的重要性，並且願意付諸執行，這樣最後你無論填了什麼樣的志願，都不會再有那種「感覺怎麼選都不對」的慌亂感了。

表妹貌似聽進去了，於是接下來半天都沒有打擾我。

結果晚上的時候，表妹又拋來一連串問題：我害怕自己念這個科系了以後，發現自己不感興趣，我隔壁家鄰居那個姐姐說念小語種科系，以後容易就業，可是我還想試一下填報航運相關科系，這樣將來可以一邊旅行一邊工作多好！但是我也想像你那樣學新聞專業出來當記者，但是我又害怕自己的文采不夠好……

聽完這一段，這一刻我開始明白，我根本沒有資格建議我的表妹什麼，她問的這些問題，就跟很多大學剛畢業的孩子問我的問題一樣：什麼樣的工作好玩還不辛苦？我想去互聯網公司可是沒有經驗怎麼辦？還有就是我挑了這一家公司萬一我不感興趣又離職了會不會影響太大？

我開始審視自己，我此刻內心的思考是，接下來的日子裡我是不是要繼續做一個用文字養活自己的人？是否要去接受眼前的幾個機會去跟別人合作一些案子？如果成為一個自由職業者，長期下來會不會就無法再適應職場了？然後萬一我以後沒有辦法過得更好怎麼辦？

於是我開始明白，每一個人的階段都會面臨不同的問題，身邊人都會給你各種建議，但是有一點就是，**群眾的眼睛是雪亮的，群眾的眼睛也是盲目的。**

他們會告訴你無數過來人的經驗，於是我們可以避免走彎路或者減少跌倒的次數，但是從另一個角度來說，他們也是盲目的，就跟小馬過河一樣，他們說的都是他們認為對的一切，但是這些建議在你身上是否就能夠成立或者付諸執行呢？

想到這一點我突然很慌亂，特別是這幾天看見蔡康永在《奇葩說》錄製的時候對於自己出櫃的事情失控痛哭，在這段影片裡，他說「演藝圈的人出櫃前都會先來問我」，他坦承了自己的矛盾：處於理性考慮，通常會攔住他們；但是站在孤單的立場，又很希望有很多人陪伴自己。

這段影片下有很多人評論，觀點碰撞極其熱鬧甚至慘烈，然後我看到一個觀點讓我很觸動，大意就是我們都不是局中人，我們沒有辦法用自己的價值觀去評判這些人的所作所為，而也正是因為艱難，很多同類才願意相信蔡康永並且願意聽從他的建議，因為身為一個過來人他有資格給出一點經驗，但是回到現實本身，又有多少宣布出櫃後的人能成為蔡康永呢？

於是我安慰自己，我把該說的都說了，表妹的事情我已經盡力了，我不能拿她父母的期待來綁架我讓自己為難。

夜裡，表妹說家裡親戚鄰居都過來詢問填報大學的事情，家裡一片熱鬧，親人們七嘴八舌各抒己見，所以她本來差不多規劃清楚的想法瞬間又被打亂了。

這一次我沒有再給表妹任何建議，我跟她說了一段話：當你做小的決定時，應當依靠你的大腦，把利弊羅列出來，分析並作出正確的決定；**當你做大的決定，比如尋找理想時，你就應該依靠你的潛意識，因為這麼重要的決定必須以你心靈深處的最大需要為依據。**

表妹說，那我就聽從自己心底的聲音吧，雖然我也不知道如何聽從，但是我願意試一試。

小馬過河：一個寓言故事，大意是有一隻小馬要過河，因為不知道河水深淺，於是問了許多人，但有的人說很淺，有的人說深得淹死人，在他徬徨的時候，媽媽跟他說不要輕易相信別人的話，很多事都要自己試試看，最後小馬試了發現既不深也不淺，順利的過了河。

到這一刻我終於放鬆下來，我不再糾結該給什麼樣的建議才適合她，也不再糾結萬一我指導她以後結果是不好的怎麼辦？因為我已經開始接受，我所說的任何一句話，都只需要對我自己負責，至於表妹領悟的怎樣，她接下來的四年大學生活軌跡以及更後來的日子會怎樣，這真的跟我一點關係也沒有。

感同身受是一個假議題，因為每個人的人生難題都是具體而單一的，就像德國作家黑塞（Hermann Hesse）說的：一個人若要完全理解另一個人，大概必須有過類似的處境，受過類似的痛苦，或者有過類似的覺醒體驗，而這卻是非常罕見的。

我就當個路人吧，點到為止的建議足矣，謹言更是重要，任憑他們熱鬧，我只需看著就好。

感同身受是一個假議題，
因為每個人的人生難題都是具體而單一的。

當你不能討好所有人的時候

我知道我不需要迎合所有的要求，
也做不到讓所有人喜歡，
可是當我身邊縈繞著這些躲避不開的聲音的時候，
我還是難以抵擋不被影響。

我的一個高中好友Y小姐，大學的時候選擇了一門小語種科系，於是大三那一年就出國實習去了，然後畢業以後就順其自然留在了那個國家上班，公司包吃包住，還有各種補貼，每個月到手的薪資將近四萬＊，以一個應屆畢業生來說看起來也算過得去。

那一年的畢業季很多其他同學還在找工作，Y小姐已經開始在國外怡然自得的享受自己的生活。

周圍有人說，Y小姐一個人在國外也是孤苦伶仃，要是給我再多的錢我也不願意待在一個陌生的國家，那樣會把人憋壞的。

Y小姐打電話向我訴苦，告訴我其實那邊的生活沒有那麼糟糕，公司安排的宿舍是飯店式公寓，每天有阿姨打掃房間，同公司的同事有好些也是留學生，下班夜裡的時候也會一起聚餐聊天，而且因為是東南亞國家，所以飲食習慣也差不多一樣，不覺

＊本書所提到的價格，皆已概略換算為新台幣。

得有什麼奇怪的地方，再說了那些在國內大都市工作的同學在某種意義上不也是遠離家鄉嗎？

我安慰Y小姐，每一份工作都有它的光鮮跟無奈，只是他們不說而已，而且大家都是大學畢業剛進入職場，你怎麼知道他們的處境就會比你更好呢？

Y小姐這才稍稍釋懷。

三年後，Y小姐打算回國發展了，一方面是覺得自己累積了一定的工作經驗了，想嘗試換一個跑道；二是覺得國外的生活畢竟不適合自己長期居住，加上父母年紀大了，她希望回老家找一份工作。

很快Y小姐回到老家的市區找到了一份不錯的工作，薪資雖然比不上國外的待遇，但是在此之前她已經有過心理準備，所以也就順利的去上班了。

後來的同學聚會上有人議論起Y小姐，說你看她當年畢業的時候去國外工作興高采烈，到現在還不是要回到小地方工作？也有人議論說，你看她都上班三年了，回國來領的薪資比之前還低，而且小地方各種圈子都小，還不如去國內的大城市發展呢……

這一次Y小姐電話裡丟給我的問題是，**我知道我不需要迎合所有的要求，也做不到讓所有人喜歡，可是當我身邊縈繞著這些躲避不開的聲音時，我還是難以抵擋不被影響。**

於是我想起自己剛入職場時所做的那些掙扎。

我大學念的是新聞學，大學裡校內校外的實習加起來寫過的新聞稿也有上百篇，因為是在武漢上大學，當地的一些報社的記者老師最後都提供我留下來以及轉正職的機會，但是我始終沒想過要留在那裡，而是選擇了回南方的城市。

於是身邊有同學問了，既然你不想留在武漢工作，那你當初為什麼要選擇來這個城市上大學呢？

我回答說因為填大學志願的時候會有很多綜合因素，所以就來到了這裡。

又有同學問，那你這幾年都在武漢的報社實習，但是最後這些機會都沒有被用上，那豈不是很可惜？

我回答說，我到了南方也可以找跟傳媒有關的工作，而且這些實習經歷累積的東西也不會因為地點的轉換而發生改變吧？

等到我到了南方工作，有同學聽說我沒有進報社成為記者，於是為我惋惜，因為他覺得我是我們這個科系裡少數發自內心熱愛喜歡這份職業的人。

我回答說，記者只是一種呈現方式，即使沒有處於報導新聞的工作格局裡，但是這也絲毫不影響我對這個世界發問的好奇心。

可想而知，像這樣關於人生選擇的問題我也曾經跟很多人一樣，得到很多人的關心跟提問，我也會一一友好的回覆這些人，因為我一度以為他們能在我這些隻字片語中明白「我想要的是什麼」這件事情。

事實證明我錯了，我從來不愛了解別人的人生要的是什麼，所以我不會問別人這樣的問題，**我根本沒有辦法告訴一個人滿意的答案，因為連發問的那個人自己都沒有一個滿意的評判標準。**

2

進入職場的第一年，很多人提醒我要保持低調千萬不要樹大招風，於是我就安靜的做一個職場小白，盡量不跟任何人起衝突，分配下來的事情也會一一完成沒有抱怨。

有一天我的主管找我談話，說我太低調太沉悶了，說部門招你們這一批應屆畢業生進來，就是希望你們有活力一些，也可以活躍團隊的氣氛。

主管還建議我，說你看跟你一起進公司的那個誰誰誰，他現在就已經開始接手一部分的重要工作了，你應該像他一樣多發言多提建議多表現自己，不然你的職場之路是很難走的。

於是後來的時間裡，我開始要求自己盡量多表現一些，比如主管分配工作的時候能主動承擔，比如部門分享活動的時候多跟同事互動，比如說經常把自己的日常工作寫郵件跟主管彙報。

可是當我沉浸在這些希望討好同事以及主管的過程中，我發現自己逐漸變成了一個很焦慮的人。

隔壁桌的同事今天的表情不對，我就會懷疑是不是自己今天在茶水間倒水的時候沒有跟她打招呼；主管把我昨天寫的方案退回來是不是覺得我寫得一塌糊塗；還有跟隔壁部門同事溝通工作的時候，我總是會提前在心裡問自己一遍，我最近有沒有在開會的時候反駁過他的建議讓他不高興了？

這種感覺讓我開始對職場產生恐懼，有段時間早上一度很害怕起床，走進公司門口打卡的時候我心裡就一直忐忑：天啊！我祈禱今天不要讓我太心累，最好隔壁同事請假沒來就好了，最好主管出去見客戶就好了，這樣我就不用為了讓他們對我滿意而絞盡腦汁了。

這種狀況持續了很長一段時間，我沒有辦法跟身邊的人說出我的焦慮，於是我開始自己寫日記，有天夜裡我突然想起我大四那一年在報社實習的經歷。

我當時被安排在政治新聞部門跟記者去跑新聞，因為是實習生，所以大部分時間做的都是打雜的事，比如說把記者老師今天寫出來稿子的基本版面排出來，然後送到校對室初審，接著把校對過後的稿件拿回來修改，再送二審，在這個期間我們還要把稿子交給負責整個專題排版的老師，讓他把各個豆腐塊平衡的放在一整個大版面上。

當時負責排版的老師是一個肉嘟嘟的男生，我已經忘記他的名字了，就叫他小K老師吧。

小K老師是個安靜的男子，至少在我那幾個月的相處時間的感受是這樣，他每天中午來報社，先將今天的新聞版面排出一個雛形，下午坐等記者把稿子拿回來放進去，再根據初審二審三審的結果不停的進行修改。

小K老師很有耐心，一個版面會有很多篇稿子，每一篇稿子的採訪記者都會來跟他打交道，要求加一句話改幾個字或者是一個標點符號，有時候會精確到標題要加大一個字型大小，他會一邊嚼著口香糖一邊哼著歌，嘴上一邊說著「別急別急，慢慢來……」然後手中的鍵盤飛快的切換著快捷鍵，三五下就把一個整齊的版面搞定了。

剩下的閒置時間，小K老師會一個人玩植物大戰僵屍，而且是一空閒下來就玩，哪怕是等著一個記者上洗手間的三五分鐘，他也會趕快把剛剛排版的視窗切換到遊戲這邊玩一下。

我有一次實在忍不住了就問他為什麼，他給我的回答是，我的手需要保持敏感度，這樣才能維持新聞版面排版的速度與品質，玩大戰僵屍時每一次他都會用不同的策略去嘗試，這樣還能保持頭腦接受資訊的反應速度。

那是我第一次聽到，有人玩起遊戲來還如此有理有據的，而且還是工作時間。

但是後來有一次的事情讓我印象深刻，那天晚上我們在值班，突然收到通知說某個新聞需要撤下來，所以值班的記者開始緊急安排替換的稿子，然後重新排版，但是卻發現按照這個速度排版下去，等到明天早上稿子也出不來，於是有人說要打小K老師的電話請求幫忙。

不一會小K老師來了，也是好脾氣慢悠悠的坐下來，然後移動指尖幾下就搞定了，那一刻我看到其他記者拿著版面飛快的拿去審核，再看到周圍一群人大大鬆了一口氣之餘，不停向小K老師表示感謝。

那一刻我突然明白了一件事情，小K老師用自己的專業技能贏得了別人的尊重。

也是因為這樣，我想起他每次因為不喜歡運動，於是就很直接的拒絕辦公室舉辦的那些籃球賽羽毛球賽，他每天慢悠悠的在辦公室裡穿梭，然後安靜的在座位上玩遊戲，也不需要跟同事打成一片，但是身邊的同事都會對他客客氣氣，因為他們每天都在等著小K老師幫他們排出漂亮的版面來。

從想起這件事之後，我開始集中精力於我的工作本身，我做好每一個月兩期的企劃專題，跟客戶打交道的時候盡量留下文字檔筆記方便到最後能夠統一整理檔案，跟其他部門同事溝通的時候我也透過郵件提出需求，實在需要當面溝通的時候我也會先把事情來龍去脈解釋清楚，然後提出幾個選項好讓他配合我的工作。

工作中還是難免有情緒化或者當炮灰的時候，每次遇到這樣的事情，我就告訴自己這只是一份工作，我沒有必要讓它毀掉我的個人行為，而且工作是可以換的，也沒有必要因為一些溝通上的錯位而去討厭一個人，至於有時候需要做很多看起來很無聊沒用的事情時，我不再抱怨說自己是被逼的，我會告訴自己，那就當練習文筆或者蒐集行業資訊當長見識了就好。

3

當我到了第二份工作的時候，即使有段時間我一度陷入迷茫之中，因為我發現自己寫出來的方案沒有辦法得到所有人的認可，不過在那個時候的我已經學會說服自己，這就是我的風格，我只需要按照我的邏輯把屬於我的工作部分完成，至於涉及到這個產品的前景好與不好，我們做這件事情的意義是什麼，我不再去問這些終極問題。

在現在的學習思維裡，很多人會提倡專注是一種能力，尤其是在如今的碎片化資訊時代，能夠區別對待每天所接收到的各種知識觀點更是難能可貴，可是有時候我們卻忘了，大部分的時候，我們在人際關係上沒有辦法太過專注。

有人建議要經營自己的人脈，所以盡可能的認識更多的人更好，也有另外一種觀點就是人脈要學會斷捨離，尤其是要遠離負能量的朋友以及社群網站上那些很嚇人的沒有經過科學認證的所謂常識，於是我們一直強調要遠離有毒的雞湯以及那些不切實際的勵志故事。

但是你有沒有發現，雖然這麼做了，但是我們依然覺得焦慮，依然因為身邊的人評價你的瞬間就把你建立很長一段時間的自信給推翻掉。

而且有時候這些推翻是很有用的，比如跟你一起進公司的那個女生一年後就嫁人結婚生孩子當家庭主婦了，那個時候你覺得她太早把自己的一生就託付了，將來一定會後悔的，可是這麼些年下來你發現她還是過得好好的，也沒有出現什麼狗血的情節讓你證明自己當初的判斷是對的，所以這一刻你會懷疑自己是不是錯了。

又比如說你看到有比你年紀大的同事在這座大城市漂泊奮鬥，突然有一天他告訴你他要回老家了，而且是那種真的告別這裡回到故鄉的離開，這個時候你的心裡那份要在大城市拚出一片天地的激情會有些振作不起來，因為你發現按照如今的這個職場發展，你到了他那個年紀也有可能跟他一樣，迫於大城市的壓力也想著回到老家算了，於是你一開始走入這座城市的初心又開始動搖了，然後夜裡也會問自己，反正總要回去的，要是趁著年輕就回老家，說不定還能遇上一些合適的工作機會呢……

這些思考的片段曾經在我的腦海裡糾結過很久，我一直不知道該怎麼解開這個困局，直到某一天夜裡冥想的時候，我的腦子裡冒出一個念頭：很多時候我都是拿別人的經歷在論證自己的觀點，所以我自己的價值觀或者是一開始的信念，也會因為別人的結果不一樣而左右搖擺。

那個當家庭主婦的女孩如今過得很好，於是推翻了我一開始覺得女生一定要有自己事業的觀點；那個跟我一起工作的同事如今要回老家了，於是推翻了我一開始覺得大城市有更多機會也能成就更多夢想的觀點。

這些以別人的際遇為參考的標準，居然成就了我自己的價值觀論點，這真的是一件讓我後知後覺，更是感覺驚恐的事情！

也就是說長期以來，我學會了不要理會別人那些多餘的建議跟評論，我也學會了要建立強大的內心不要去理會這些閒言碎語，但是我依舊會因為周圍的議論而玻璃心，而這一切的根源在於，我根本就沒有把建立強大內心這件事情付諸行動，我只是一味的高唱要內心強大，一味的逃避別人的評價，但是卻從來沒有試著如何去做才能內心強大。

明白了這一點以後，我開始從自己的人際關係下手，我先跟我最親近的兩個閨密建立了一個群組，和那些純粹分享無聊八卦跟買買買的姐妹群組做出區別，我在這個小空間裡跟她們分享我內心的一些規劃，大的方面比如說想以什麼樣的方式過一生，實際的方面包括準備什麼時候結婚要小孩，打算在這個城市裡安居樂業該做什麼樣的準備，以及我目前能想到的一些夢想清單的事項，這些我都一一和她們分享。

做完這件事情後，雖然感覺生活什麼都沒有什麼變化，但是我心裡卻舒暢了很多，因為我開始把自己內心很虛的一些思考落地呈現出來，並和她們分享，於是她們開始知道，那些家庭主婦跟事業女性的討論跟我們無關，那些是否應該逃離一線城市的討論也跟我們無關。

因為我找到了第三條路的出口，我開始專注於完善我自己當下所要完成的人生事項，我覺得我的生活是有追求的，這份動力不再跟別人的評價討論有關，也不需要每天安慰自己要內心強大，我所需要做的事情僅僅是，用自己的經歷去證明我的邏輯思考是符合我自己的規劃的，這跟對錯無關，跟別人的人生選擇更是無關。

4

我還將我的社群好友群組做了一個標籤分類，大概是不同的討論群組裡該如何自我定位，比如說我跟前同事建立的群組，這個空間裡我們通常會分享一些關於互聯網行業的有用新聞，或者是一些創意包裝文案企劃有關的東西；比如說我跟另外一批同事建立的群組，我們會分享關於讀書健身的心得體會，或者是公司當地一些吃喝玩樂的建議。

我從原來的被動跟著別人的發言走，轉變為嘗試著在這個群組裡建立我自己的標籤，比如在第一個群組裡，我給自己的角色就是互聯網行業興趣愛好者，第二個群組裡我給自己的角色，就是一個完善自己的樂享生活愛好者。

這些感覺一旦建立起來了，那就沒有人會問起你為什麼要跳槽到互聯網工作的問題，也沒有人會問你在大城市打拚覺不覺得辛苦這樣的問題，也不會有人提出既然要享受生活那就不應該給自己太多的壓力一定要去看書旅行什麼的。

在這些同類的磁場裡，每個人都開始跟我分享那些我想要的東西，至於那些負面的能量或者是沒有意義的提問或者質疑，也都已經不存在了，因為他們已經明白了我想要的是什麼，所以就不會再拿別人的例子來混淆我價值觀的建立，我感覺生活瞬間清淨了好多。

於是我開始明白，當我向別人分享或者梳理好一種固定的價值觀，就不會再受到另外一種價值觀的強加干擾，就比如說我們的父母總擔心我們在外打拚過得不好，以前的我們總是不停跟他們解釋再解釋，殊不知其實最好的方法就是把自己的日子過好，該讀書旅行該升職加薪該結婚生孩子就一一去做，他們看到這些結果，要比你跟他們嘮叨「我就是不願意回老家，老家有什麼好？」要有用千百倍。

有很多人問過我，當自己不能討好所有人的時候，要怎麼樣獲得內心的平和，怎麼才能不去在意別人的評價，怎麼做到有力量去控制自己的行動？

我目前能得到的答案就是，既然別人的閒言碎語跟關懷建議沒有辦法逃避，那就想辦法給自己開闢出一條路來。

你不只是要在心裡告訴自己不要在意這些人，告訴自己這些人的人生與你無關，你還必須要讓自己做得更好，在你選擇的這條路上越走越遠，遠到他們真的跟你不再是一個世界裡的人，遠到他們自己發覺這個議論只是自己純粹的無聊扯淡。

那這個時候多嘴的他們幹什麼去了呀？

他們去騷擾另外一個跟他們差不多水準，但是又稍稍有一點特立獨行的人了。

期待這一個特立獨行的孩子，也能早日脫離當前的困局，跑起來，跑得越遠越好。

很多時候我都是拿別人的經歷在論證自己的觀點，
所以我自己的價值觀或者是一開始的信念，
也會因為別人的結果不一樣而左右搖擺。

彼此有錢，才能維持友情

很多時候我們羨慕那些很多年的閨密之情或者兄弟之情，除了羨慕這些陪伴是最長久的告白的感動之外，我們更要知道，兩個人能走到很久的背後，是價值觀跟人生發展軌跡的步伐相似，在牽引著這份情誼的日久彌新。

前段時間很流行股票投資，在證券公司上班的大學同學打電話給我，說能不能幫忙介紹幾個人開戶，這樣她這個月就可以拿到不錯的獎金了，於是我發動身邊的一眾熟人，就像這份工作是我自己的一般熱情，那些積極投入股市的熟人接受度也快，而那些還在猶豫中的潛在客戶我也會稍作解釋，說明開個股票帳戶沒有關係的，即使你不馬上入市，也可以放在那不會有任何費用支出。

這一輪下來，我身邊有同事問，這又不是你自己的工作，而且她那點獎金應該也沒多少錢，最多就請你吃一頓飯吧？我笑著說大學同學跟我不在一個城市上班，於是同事更加來勁了，那就是說這一頓飯的好處也撈不上了不是嗎？

我笑著點頭，默不作聲。

去年我的國中死黨找我幫忙，說他們公司需要拍攝一些宣傳片，請我幫忙推薦好一點的廣告團隊，於是我認真的詢問她關於宣傳片的各方面事宜，包括預算跟拍攝主題，以及廣告投放的管道選擇跟時間長度等等，然後針對這些需求做了一個方案出來，再拿著這個方案去找我所認識的廣告業朋友請教。

我跟這個死黨都在一個城市上班，但是因為見面的時間也不多，她一直嘮叨著要犒賞我的聚會也就一直沒實現。

直到前段時間的時候，距離這個事情的幫忙已經過去快一年了，有一天她說公司宣傳片的事情搞定了，老闆也算滿意，因為這個專案，她被提升為部門主管，當然薪資加了不少。

身邊有朋友問，她負責這個宣傳片的拍攝，應該也有不少獎金吧，有說要分給你一些嗎？我說沒有，於是我再一次被他們定義為是個勞苦功高卻半點不討好的傻女孩。

我於是反駁，我不覺得自己勞苦功高，最多就是用自己的人際關係幫了一些忙而已，而且重要的是，我並不覺得這是吃力不討好的事情，因為對於維持友情的付出多少，我心裡還是有一個準則的。

對於這個事情的思考，最初是源於我剛畢業第二年的一次同學聚會。

我們學校有很多校友都在深圳工作發展，所以也有不少同年級同學也都在深圳，有一次一個在別的城市工作的同學來這出差，說要找我們這些在深圳工作的同學一起吃個飯。

彼此通知之後，我們晚上下班就到了預約的餐廳，按照預定的人數定了一個大包廂，結果到了晚上快八點的時候，有幾個同學臨時變卦說不來了，我說如果是因為要加班的話也是情有可原，結果這幾個人的回應都是，本來都已經準備好過來了，只是後來臨時就改主意了，至於原因也沒說什麼。

這件事情本來已經平淡的過去了，直到後來在另外一次同學聚會聊天時才知道，當初那幾個臨時變卦缺席飯局的同學，是在出發前一刻聽說了我們那次聚會的朋友當中，有個同學混得很好，畢業兩年的時間年薪也有了上百萬，就因為這一個「上百萬」的關鍵字，那幾個玻璃心的同學馬上就打電話過來說不赴約了。

對於身邊同年齡的人混得比你好這件事情，我以前沒有認真的對待過這件事情，直到我工作了三年以上，發現身邊的一眾大學同學的差距愈發明顯，所以我才開始試著梳理一下自己對於這件事情的想法。

我一開始也是個很玻璃心的女生，大學畢業除了考研究所跟出國的同學，剩下這一批直接就業的同學，彼此之間問的最多的一句話就是，你工作找哪了，一個月多少錢啊？

那個時候的我不知道該怎麼面對同學這樣的提問，因為你知道每個人在這個看似輕鬆的對話當中都會有一種暗地比較的勁，所以那個時候我的回答就是「我的工作一般般，薪水也是馬馬虎虎的啦！」

當然還有另外一種情況就是，很多人會在兩份工作當中糾結，一份是工作比較輕鬆薪水較少，另外一份是工作強度大但是薪水也高，而我身邊的大部分同學在畢業那年，基本上都選擇了後者，他們的原話就是「薪資高一點，說出去也好聽一些」。

2

其實身為一個過來人，我也知道剛進職場的自己是不配談理想的。

大部分的人都跟我一樣，家裡沒有任何背景關係，遠離家鄉來到一個大城市工作，父母不會再資助自己，或者自己也不好意思再伸手向父母要錢，於是這一個月幾萬塊錢的薪資就要包含吃喝住行的每一個環節了，所以那個時候的我們，月薪一萬五、兩萬五甚至是三萬五的這個數字差別，真的是會讓人的壓力是不一樣的，哪怕是多個兩三千塊，也會覺得不會過得那麼壓抑。

但是很多時候除了薪水這個數目之外，選擇一份工作的參考因素還有很多，大到比如說你選擇哪個城市，將來的基本規劃方向是什麼，比如說會不會造成遠距離戀愛的牽掛，這份工作你的契合程度以及喜歡程度是什麼樣的，而且至少不要不喜歡到痛苦至極吧，另外就是這個職業對你的發展跟累積的作用有多少，小一點的問題就是工作地點離你住的地方近不近，公司樓下有沒有比較多的食衣住行便利設施，這些看起來無形的東西如果換算成金錢，其實也是很重要甚至是不可缺少的參考標準。

明白了這一點之後，每當在職場或同學裡有混得比我好的，我都會像餓狼撲食一樣想跟他們有更多的交流跟學習，也會創造各種對話的機會能跟他們多請教一些事情，**因為我知道每個人當前的點滴成就，倒推回去都會有各種實力加上機運的原因，而且隨著時間的長度拉大，這種差距會更加明顯**，所以那些三五年一次的同學聚會產生的人生百態，也是再正常不過的事情了。

也就是說，我開始慢慢理性的看待「身邊同齡人混得比你好」這件事情了，但是我身邊並不是所有的人都願意跟我一樣秉持這樣的觀點。

去年的時候我參加了一位校友Z先生的寶寶滿月聚會，Z先生比我早五年畢業到大城市發展，如今他已經是很多家公司的負責人及合夥人，他手上還投資了很多個案子，前年我們學校校慶的時候他還以優秀校友代表的身分被邀請回去演講，這對於很多同樣三十出頭的人而言，他也算是大有所成的榜樣了。

那一次聚會上，Z先生過來跟我們聊天，他提起自己打從大學畢業後就從來沒有參加過任何一次同學的聚會，一開始是因為同學之間依然會比較誰混得好，他是個很重情義的人，生意場上已經很複雜，所以他在同學聚會上從來不想聊起那些事情，他反而更願意回憶過去或者聊聊喜愛的運動跟電視節目之類，可是他發現沒有人願意跟他聊起這些所謂文藝而無用的事情。

最關鍵的還是有一次，大學班長統計那一年的同學聚會前來的人員名單，Z先生也說會回去赴會，結果班上的同學聊天群組裡有人就說，要是Z先生也回來的話，那我就不去了，他那麼有錢的人一出現，哪還有我們表現的機會啊是不是？

此話一出，好些同學同聲應和，在群組裡默默潛水的Z先生於是退出了同學群組，然後再也沒有去過任何一場同學聚會了。

Z先生邊喝酒邊笑著說，其實有時候我很孤獨，我跑得比較快，所以剛開始那段時間一度懷疑自己是不是做錯了什麼，可是後來當我結交到跟我同樣水準的朋友，我又覺得自己活過來了，而且我覺得這些友情的品質跟給予我的思考成長，要比以前那些有用得多。

當然那一夜我記得最清楚的是Z先生說的另一段話，他說，**人與人之間的友情是在不斷變化的，你的朋友也是在不斷變化的，失去舊朋友的時候你也別難過，因為會有新的朋友進入你的生命裡，當然最重要的，如果你能跟自己的好朋友一起成長，那這種友情的維繫也是極其珍貴而難得的。**

於是當我回想起當我幫忙自己身邊朋友的時候，那些看起來不討好的無用功，再結合Z先生這段話給我的思考，我開始意識到，我在幫助這些朋友的同時，其實最大的回報在於我自己，而且這種回報不光是在物質上的回報，也不僅僅是想讓他們欠我一個人情，想著以後我遇到困難了也能要求他們的幫忙。

這種回報的真正意義在於，**我透過幫助他們讓他們變得更好，一方面可以激勵我自己也要努力成長，而更重要的一點是，我們這段彼此友情的維持，能夠給我帶來溫暖而有力量的陪伴，這才是我最大的收穫所在。**

比如說如果我跟一個好朋友一起在職場中進步成長，我們一樣有更好的物質跟精神進步，那麼我們的思想境界跟對話水準是彼此認同的，我不能要求自己跟一個畢業就結婚成為當家主婦的同學聊這一年該學一點什麼職業技能，我並不是說這樣的人不能做朋友，而是在這樣不同的生活狀態下，兩人會越來越生疏，即使見面也沒有辦法跟我那些有相同人生軌跡的同學的聊天要更熱烈一些。

彼此有錢，才能維持友情，以前我覺得這個觀點很勢利，很無奈，可是如今我已經開始接受這個事實，並且覺得這才是成人世界裡的友情法則。

3

回到我前面幫助的兩個朋友的事情，從比較現實的角度來說，他們不能給我任何的回報，因為都是同年齡的人，他們也無法給我更多的其他資源的回饋，但是這樣做的結果是，他們在職場上又走了很好的一步，我可以跟他們繼續探討關於職業發展，關於在這個大城市裡奮鬥的話題，這種彼此惺惺相惜的理解跟安慰，比刻意強調拿同理心去安慰要強上不知道多少倍。

每當遇到工作或生活上的難處時，我更願意聽到的是「親愛的，我跟你一樣，還在趕專案進度呢！」或者是「別擔心，我也是這麼過來的，你可以這樣做……」。

我也不願意聽到一個不上班在家待著的同齡朋友告訴我「哎，工作就是那樣的啦，各種坑爹……」因為聽完這種安慰，我覺得他沒有經歷過我所經歷過的，我也沒有辦法像他那樣任性說不上班就在家當一個啃老族了，所以我也不願意再跟他分享更多，久而久之，聯絡少了，感情也就淡了。

世界上有些事情不是你努力就可以獲得的，友情就是其中一樣，更何況是維繫一段長久時間的友誼。

當然也有人說，世界上很多友情是無國界無信仰的，很多不一樣階層的人也能成為朋友，這些我認同，但是我在這裡說的，是「維繫」這件事情，很多人很容易成為朋友，但是卻不一定能一直是朋友，這是我此刻想集中討論的主題重點。

很多時候我們之所以羨慕那些很多年的閨密之情或者兄弟之情，除了羨慕這些陪伴是最長久的告白的感動之外，我們更要知道，**兩個人能走到很久的背後，是價值觀跟人生發展軌跡的步伐相似，在牽引著這份情誼的日久彌新。**

在我擁有為數不多的好友關係裡，我總是盡量向那些比我更優秀的人靠近，然後我也會鼓勵也會幫忙那些跟我一樣正在奮鬥中的朋友，反過來他們也會這般對我，長此以往，也就良性循環了。

我的大閨密去年才研究所畢業進入職場，她跟我分享了很多自己遇到的迷惘，於是前幾個月的時候我存了錢跑到上海去見她，給了她一個大大的驚喜，我身邊的一群朋友，每當有人正在跳槽或者事業低落期時，其他人就會負責在聚會上買單，以及為他解答目前難題的一些建議跟意見。

這個週末的時候，我跟一個關係很好的舊同事喝下午茶，我跟她提起了下一份工作的規劃方向跟思考，然後順著這條思路看看接下來要不要換一個行業以及該怎麼實施步驟。

當隔壁的人們在聊娛樂八卦的時候，我們兩個女人居然在這個浪漫文藝的咖啡廳裡，在這個夏日晴天的週末休閒時光裡，一本正經的商量著工作的事，商量著買房的事，商量著結婚生娃的事，商量著要存錢來一場旅行的事。

其實我沒有告訴她的是，在這些看起來囉嗦細碎的聊天裡，讓我欣慰的是我們依舊是同一個頻率跟磁場的人，我期待著我們能一起努力一起進步一起有錢，在這個大城市扎根，三五年以後牽著我們的寶寶出來繼續喝茶，繼續聊下一個五年的人生規劃。

這是我想要的生活，這也是我想要的友情陪伴。

人與人之間的友情是在不斷變化的，
你的朋友也是在不斷變化的，
失去舊朋友的時候你也別難過，
因為會有新的朋友進入你的生命裡。

青春可能來晚了一點

就是因為看到了更大的世界，
所以會想著還能不能得到更多，
這不是一種虛榮也不是一種勢利的欲望，
而是我們期待著
在理性中慢慢要把自己的生活變得更好。

高中的時候我考上了市區的學校，也是第一次對「人生來就是不平等」這件事情有了深刻的體會。

在此之前，我那狹窄的世界觀裡總覺得班上的同學就是分為兩類，一類是成績好的，一類是成績不好的。

可是到了高中就不是了，我被分配到的班級，班裡三分之二的學生都是來自當地市區，生活也較為富裕。

深為一個來自小鎮的孩子，那是我第一次開始接觸什麼叫貧富差距，有同學說喝不慣學校大鍋爐裡燒的開水，於是每個星期父母會送幾箱的礦泉水到宿舍來；有女生說自己一個星期要吃好幾種不同的水果，否則晚上就沒辦法入睡；還有同學是個球鞋控，家裡收藏了不下幾百雙鞋子，而且從來不拿出來穿。

我第一次知道名牌這個概念，是有天中午兩個女生在聊天，說是要入手一雙一個女明星最近穿得很流行的一雙鞋，我在一旁豎起耳朵，一雙鞋子好幾千，抵得過我那時候快半年的伙食費了！

很多年後我回想起來，自己就像《流星花園》裡的土包子杉菜，那些他們談論起來習以為常的東西，在我眼裡是新鮮而又衝擊的存在。

可惜的是偶像劇的美好並不存在於現實當中，我依舊還是那個土了三年的杉菜，從來沒有半個道明寺或者花澤類會在課間的走廊上或者做早操的時候看我一眼，我依舊是那個在迷茫當中對自己的人生產生懷疑的女孩，但是因為學業上的壓力，並沒有多少時間去梳理這些事情。

高中三年三個冬天，我只有兩件棉衣外套，其實對我而言足夠了，因為這麼厚的衣服也不需要經常換洗，沒有磨損很快的問題，但是後來我才發現，這只是我一廂情願的天真而已。

有一天中午吃飯，隔壁宿舍有個女生過來跟我開了一句玩笑：我說你能不能換一件外套穿一下啊？一個月四週你差不多天天都穿這件衣服，你不膩我都膩了。

我回答說，可是這件衣服也沒有壞啊，為什麼要換掉呢？

女生聽到一陣大笑，這個年代怎麼可能有衣服是要等到爛了才丟掉的呢？我說的是搭配，你外套不洗可是也得三不五時有不同的搭配啊！

我問，那我該怎麼辦呢？

女生回答說，你看像我這樣，一件外套差不多穿兩天，準備多幾件外套這樣一個星期就不會重複了不是嗎？

我默默點頭，離開了。

我不敢告訴她的是，我其實只有兩件外套，平時一件外套洗了要晾曬很久才能乾。

我知道她並沒有要取笑我的意思，我也不會把這一件小事當成青春裡被羞辱的大事，但是內心還是隱約有自尊心的因素在作祟，那也是我第一次體會到有些許自卑的感覺。

我的父母是工薪階層，他們一直給我吃飽穿暖的生活，但是從來沒有考慮過時尚這件事情，所以更不可能像市裡的同學的家長們那樣，可以給他們搭配好每週不一樣的衣服，所以潛移默化當中，也讓自己的孩子有了時尚打扮的本能。

我向我媽說了這件事，她在電話裡很訝異，她不僅沒有答應要幫我多買幾件衣服，反而開始質疑我為什麼要把心思放在這些無聊的事情上面。

掛下電話的時候，我小哭了一會兒，就再也沒向家裡提過這件事情了。

很多年後我媽跟我提起這件事情，她居然跟我道歉了起來，說她跟我爸都是希望能夠用艱苦樸素的教育理念來培養我，她當時在電話裡聽到我這麼一個虛榮的請求時，很擔心我會變得不認真讀書，但是卻從來沒想過這件小事情會給我的自尊心帶來那麼大的影響，她說如果自己當時的心思能夠多一些細膩，多一些溝通，或許就能想到這一點了。

當然，這已經是後話了。

我還是那個上課認真，下課用心複習的好學生，我還是一件棉衣外套穿一個月，只是感覺一切有些變了味。

午睡時間是我最放鬆的時候，每次吃完飯，寢室的女生們早早的上床開始聊天，我以前也很喜歡參與她們的聊天中，可是後來我就早早的一個人躺下了。

我在腦海裡回憶今天班上誰穿了一件毛絨的粉色羽絨服，想起隔壁班那個女生戴了一頂可愛的帽子，還有個女生穿起了一雙靴子搭配了一條薑黃色的A字裙。

那句日有所思夜有所夢是對的，有時候想著想著，等到入睡的時候還就真的做起了剛剛那個美夢，我擁有了一個大衣櫥，每天都可以穿上不同的衣服打扮自己，再也不會重複，也不會遭到別的女同學指指點點了……

最艱難的時候就是午睡起床的時候，大家都在忙著洗漱，我卻始終不願意醒來，即使有時候醒來了也不願意睜開眼睛，因為我知道只要我一睜開眼睛，就要從滿身漂亮衣服的夢裡走出來，就要不情願的披上那件棕色的大衣外套，那件會讓我害怕一會兒又撞見上次那個隔壁宿舍女生的外套。

這件很做作很微小的故事，我至今沒有跟任何人提起過。

青春的日子裡，每個人都有著不同的疼痛心事，或者是喜歡上了前排的男生，或者是因為成績不好，又或者是剛剛回答問題出糗了，**我們都太在乎別人的看法，我們更害怕在自己喜歡的人面前出洋相，可是對我而言，我的小小自卑竟然只是來自於沒有多兩件外套這件事情。**

後來我在大學裡可以自己賺稿費了，工作以後經濟也獨立了，那些我當年信誓旦旦發過的誓言，說等以後自己賺錢了一定要買很多雙像她們那樣的運動鞋，說一定要入手十幾件大衣輪流穿，結果可笑的是，深圳的冬天很短，甚至根本就沒有，我存起來買大衣的錢根本就沒有用上。

而且很奇怪的是，我沒有因為這個當年的陰影，而讓自己變成一個毫不理性的購物狂，即使我已經買得起很多漂亮可愛的外套了，但是我的衣櫃還是依舊一片黑白灰色，即使現在有同事取笑我的衣服都是一樣的，我也不會再有患得患失的不安，更不會去刻意解釋些什麼。

時間前進中，我沒有憤世嫉俗，也沒有想過現在的自己一定要錦衣金銀披身，以此來彌補當年的心靈創傷。

我也不會因為看到那些在百貨公司一身名牌的女生，就在心裡嘮叨著上天的不公或者自己命苦，因為我開始明白這些我慢慢都會有，而且我也開始明白每個人對於生活事項的重視程度不同，一個穿著簡單T恤的人是個開越野車的玩家也說不定。

當我已經可以辯證的看待這些曾經斤斤計較的元素，這就是成長的點滴奇妙之處了。

2

過年的時候，家裡來了一個遠房的表妹，來自農村的她算是聰明也夠努力，考上了市區的國中，這一次要提前去補課。

表妹在我們家裡吃飯，一聲不吭，要她多吃菜她也不敢，於是我媽就開始嘮叨著，你這個孩子太害羞了，這樣下去如果以後你考上大學或者出去工作了，怎麼能混得好呢？

我向我媽使了一個眼色，然後帶我媽到廚房裡，我解釋說，表妹很像當年的我，我那個時候也是個害羞的人，但是人是需要時間成長的，她會慢慢適應新的環境，也會慢慢變得大膽開朗，但是你現在不要輕易的對她作出評判。

我又補充了一句，她很敏感，她會什麼話都放在心裡的，所以你不要碎碎念了。

我媽聽進去了。

那天吃完飯，我帶表妹到街上的美髮店，讓她剪了個頭髮，把原來很長的瀏海剪整齊了，她告訴我說爸媽在家除了種地幹活，根本不會管她這些……說完她又害羞低下了頭。

我沒有馬上安慰她。

剪了頭髮回到家裡，我從衣櫃裡翻出了好些這兩年自己買過的運動服跟T恤，然後一一大概搭配好給她，說這些你都帶去學校穿，都是我才穿過幾次的，你們同學肯定會說你時髦的，要知道當年我那個時候根本就沒有這些衣服可以挑呢！

表妹終於被逗笑了，我把她送出門，然後說了一句，爸媽在家務農雖然辛苦，但是你也不要給自己太大壓力，你只要記得，一定要好好讀書，這是你改變生活狀態最好的方式。

我沒有灌輸太多關於命運抉擇的想法給她，但是我知道她應該會大概明白我說這番話的意思，這個年紀的孩子，只需要點到為止的輕輕鼓勵，就比什麼都有用了。

前段時間公司有九〇後的孩子看青春電影《小時代》回來，說是感動的一陣稀里嘩啦，還有女生一臉白日夢狀的說，要是我這輩子能有顧里那樣的大衣櫥，肯定就幸福死了！

我看著這幾個孩子的臉龐，然後想起小時候我爸說起他當兵八年的經歷，那種自豪感和正義感讓我至今都能想起他當下的熱血沸騰，於是那一刻我問我自己，我的青春回憶又是什麼？

細細想來，沒有什麼驚天動地的大事件，只是一味的默默念書，乖乖女一般的在校園裡操心著要是自己考不上好的大學，要是找不到好的工作怎麼辦……

看青春系列電影的時候，總有人吐槽說長得好看的人才有青春，這的確是真話，長得好看的人在學生時代裡總是最受矚目的，也會得到更多的資源讓自己出眾，回憶起這些種種的時候，我覺得自己並沒有半點難過，反而神奇的安慰自己，像我這樣普

通的學生有很多，我們為生活中的各種瑣碎事情操心，我們盡量讓自己早點獨立早點為人生做主，這應該是大部分人的青春狀態，所以我從來不會覺得自己失去了什麼。

3

昨天夜裡跟L小姐聊天，說起當年年少無知的自己期待著能夠離開家鄉一回，見過外面的世界就滿足了，可是如今我們的欲望卻越來越大，我們期待著有更好的事業，遇見更多有意思的人，去更多的地方旅行。

L小姐回答說，這個邏輯是正確的，**就是因為看到了更大的世界，所以會想著還能不能得到更多**，這不是一種虛榮也不是一種勢利的欲望，而是我們期待著在理性中慢慢著要把自己的生活變得更好，這是一件天經地義的事情。

我也算得上一個要奔三的人了，我身邊大部分也都是有孩子的媽媽同輩了，可是我依舊還是跟我的朋友們規劃著要一邊找更多好玩的願望清單一一完成，一邊順便把結婚生孩子的事情搞定。

對於我而言，**這些事情不會起衝突，如果說會有不可避免的矛盾，那一定是因為我根本沒想過要去解決這個狀態，以及擁有要去把生活過得更好的勇氣跟決心。**

我見過很多長輩，尤其是在互聯網領域的前輩，他們的思路跟狀態有時候比我要年輕得多，也是因為這樣，我開始思考人生狀態跟年齡這件事情，我說服自己不要用一眼望到頭的邏輯去定義自己的人生，我也開始明白不斷的適應改變，有時候才是最大的安全，明白了這一點，我反而覺得自己的心態比起以前更加年輕了。

有時候夜裡也會感慨，我覺得自己的青春現在才來，擁有一門賺錢的專業，開始篤定夢想的方向，有幾個能一輩子維繫的閨密，外加三五個死黨朋友，也開始對生活慢慢有了一點可以說「不」以及有選擇權的尊嚴所在，目前規劃的事情都在我能掌控的範疇裡。

我問過自己，這樣的青春是不是來得晚了一些？

就在洗澡時候聽到那英的歌，「如果夢醒時還在一起，請允許我們相依為命」，歌詞裡我感受到的不是愛情故事，而是突然驚醒：那些我曾經念想的一切，美的衣服，鐵的朋友，好的外在，以及堅定的內心，這一切都曾經是我的夢想，然而如今我夢醒了，我發現自己居然可以抓住這一切，這些都在我的有生之年，甚至幸運的，是在而立之年到來前就開始迎接我。

夜裡W小姐留言給我說，從一開始看到你的文章被轉載時的激動，到現在我已經習慣帶著「she deserves」的笑容隨意點讚，然後在心中為你感到開心和自豪了。

在這一刻，我知道是自己的堅持換來了別人的認可，這其中有互聯網的連接力量所在，但是更多的是我自己的執行力換來的一切，而且要知道寫文章帶給我的，可不僅僅只是獲得了別人的認可跟擁抱，而是這個過程裡，我早就完成了自己曾經走不出的困局。

也是這一刻，我可以心安理得的告訴自己，醒著做夢不是一件壞事，I deserve it。

切記不要與自己的平凡為敵，只是這漫漫人生路上，期待著你也能擁有一份有活力的狀態，然後成為一個有意思的人。

青春的日子裡，
每個人都有著不同的疼痛心事，
或者是喜歡上了前排的男生，
或者是因為成績不好，
又或者是剛剛回答問題出糗了，
我們都太在乎別人的看法，
我們更害怕在自己喜歡的人面前出洋相。

不要輕易相信大人

生活中很多人只能陪伴我們生命的某一段旅程，
每一份工作也只能陪伴我們某一段時光，
我們都是自私的，
在每一個平臺裡成長到一定程度，
也會希望能到另外一片森林吸取養分，
這樣的我們才能成長為一個全方位成熟的人。

1

參加過一次分享會，是關於性格分析跟情緒控制的小方法討論，我是個喜歡躲在角落裡的人，所以即使我是第一個到場的，但我還是獨自坐在最後一排，然後看著門口陸陸續續進來的別人，大部分都是跟我差不多年紀的人，手裡滑著手機，拿著一杯星巴克就進來了，還有一些人約莫比我年紀大一些，拿著公事包，還有拿著一個資料袋進來的，頗有一番召開幹部大會的樣子。

分享會開始，大家一一自我介紹，基本都是進入社會工作兩三年左右的白領，互聯網和金融領域的人數最多，還有一些是工作了五年以上的中層管理者，那些我覺得看起來比較像來參加幹部大會的，一個是已經在家很多年的全職媽媽，一個是製造業的業務人員，還有幾個是自由職業者。

分享會的主辦人開始發言，大概講述了今天的主題，以及關於調理生活情緒的一些關鍵點，剩下的時間就是分組討論了，我跟做業務的那位先生分配到了一組，另外還有兩個男生，兩人看起來都要比我小一些。

討論的主題是大家要畫一幅畫，如果現在讓你設計自己的房間，對你而言，你希望自己的房間是怎麼擺設的，最後挑選出自己最不能丟掉的一樣東西。

討論的時間只有五分鐘，然後每一組派出一個代表到臺上發言。我們四個人一直定定的坐著，兩個男孩依舊玩手機，當其他的小組開始熱烈討論的時候，我們小組居然開始陷入了無比的安靜當中。

為了打破尷尬，我向大家提議，要不然我們先大概快速的描述一下自己吧？

沒有人出聲。

於是我說，我先跟大家說一下，我出來工作三年了，現在在一家公司做電影企劃，平時算不上活潑，但是也喜歡跟人探討關於心理情緒的問題，所以也會比常人敏感一些。

接著做業務的先生發言了，他說自己在一家公司做了十年的業務，現在準備換個行業轉型試試，他還加上一句，你們別看我這麼大剌剌的，其實我也是個對情緒比較敏感的人，我這份工作壓力很大，所以我也想試著找找方法，看能不能緩解自己經常緊張的情緒。

接下來就剩兩個男生了，有一人開口了，我才剛參加工作一年，沒什麼經驗，就是覺得好玩才來這裡的，另外一個男生直接說了一句，我也沒什麼好說的，就這樣。

我看著旁邊的業務先生明顯開始有了不高興的樣子。

我提醒大家，說一分鐘過去了，大家要抓緊時間討論了。

結果還是沒有人出聲。

我看了一眼兩個男孩，有一個說話了，我本來就是想來這裡聽聽別人說話的，幹嘛搞這麼正式呢？早知道我在家裡打遊戲算了。

另外一個男孩直接就低頭玩手機，也不說話。

我看了一眼業務先生，說您的工作經驗比較豐富，要不您先說說吧！

業務先生笑了，然後開始尷尬搖頭，要怎麼說呢？我就是前來學習一下的，我也沒什麼值得說的地方……

我於是解釋，說這裡只是一個分享探討的主題，沒有什麼誰厲不厲害的說法，大家主要是描述出自己性格當中比較看重的一部分，然後用圖畫表達出來就好。

業務先生開口，說那你們兩個小男生先說一下好不好？

滑手機的男生依舊沒有抬頭，另外一個男生說，呵呵，不好意思，我真的不知道說什麼。

業務先生的聲音提高了幾度，然後說，那如果是在公司，主管要你說話的話，你總要多少說一點什麼吧？

滑手機的男孩這一刻終於抬頭，然後說了一句，如果是在公司那也是沒辦法的事，可是在這裡，又沒有規定誰都必須發言，再說了，你又不是我主管。

最後這一句，明顯就把業務先生惹怒了，當我準備想辦法開始緩和局面的時候，突然聽到有小組已經完成了討論，並且開始發言了。

沒辦法，我只能在別人悠哉的聽著分享的時候，急急忙忙在白紙上畫上幾筆，一個大大的房間裡，有書桌，檯燈，電腦，鏡子，衣櫃以及一張靠窗邊的大床。

等我畫完的時候，所有的小組已經發言完畢了，我下意識的站起來，巴拉巴拉講了一堆我後來根本一個字都不記得的話，然後是掌聲，然後我坐下了。

分組討論完畢，大家也就各自分開了，業務先生卻坐到了我身邊。

剛才真是幸虧有你，不然我們就丟臉了，他笑著安慰我。

我說，說得好不好無所謂，團隊裡總得有一個人站出來就好。

他說，那兩個小孩也真是的，這麼不懂事，不參與發言也就算了，但是態度也不能這麼差。

我說沒關係的，大家都是陌生人，在一個陌生的環境裡臨時被分配到一起，沒有任何心理準備，加上他們的條件反射，我覺得他們並不是不愛說話，而是覺得有些害羞，然後就順便酷酷的拒絕了發言，僅此而已。

業務先生說，我覺得你說得不對，先不說會不會說話的問題，首先是一個起碼的尊重，他們連我提出的建議都不給予回饋，而且還說我不是他的主管所以沒有必要回答我，你說這樣的孩子出來工作了也不會多有出息對不對……

我明顯感覺對話有些氣氛詭異了，於是我玩笑說了一句，年輕人有時候就是比較有個性啦，每個人的表達方式不同而已。

這時候業務先生說了一段我至今都記得的話，他說，家裡的長輩從小就教導我們，不聽老人言，吃虧在眼前，現在的孩子怎麼了？難道我吃過的鹽就不比他們吃過的米多嗎？而且我做業務這麼多年，閱人無數，我一直都很照顧別人的情緒，但是現在的小孩子真是越來越奇怪了，要是我家的孩子敢這麼對我說話的話，我一巴掌就拍過去了……

這一刻我終於知道業務先生為什麼要來參加這次分享會了，就像他的自我介紹一樣，他深知自己是一個對情緒比較敏感的人，期待自己能有一些改變，但是要知道人一旦遇到不友好的狀況的時候，當下那一刻的直接反應就是那個真實的自己的狀態，所以他就開始忽視自我批判這一關，直接評價別人了。

對我而言，參加一場分享會或者主題活動，都是你情我願的事情，一開始大家都是帶著好的期待赴約的，但是我自己心裡一直有一桿秤，那就是你不能對所有的事情都報以美好的期待，因為一場分享會裡只是一群陌生人在這一小段時間裡的相互觀點碰撞，各抒己見。

如果遇見有意思的人當然可以進一步成為朋友，但是要是遇見不對味的人，或者覺得整場分享會下來沒有半點意義，浪費了自己的時間而些許鬱悶甚至是非常不暢快，那麼這些負面情緒早就破壞了分享會的本身主題意義，就是相互分享，相互聆聽，在別人的世界裡重新認識自己。

我不是一個外放的人，所以在分享會上永遠不是那個最活潑出眾的人，但是這不妨礙我總能結交一兩個好玩的人，然後彼此交換社群網站帳號，在後來的日子裡依舊保持聯繫，遇到一些難題的時候也會偶爾請教一番，因為沒有利益相關，有時候反而更願意敞開心扉一些。

後來的時間，我身邊的業務先生果然就再也沒有熱情了，剩下的討論時間也沒有再繼續參與，分享會還沒有到尾聲，業務先生決定要離場了，臨走的時候他告訴我，小姑娘我告訴你一句，在職場裡千萬不能像那兩個男生一樣有個性，否則你會很慘的！

我還沒回過神來，身邊的座位早就空了。

分享會回家那天我寫日記，想寫下一些今天的收穫，結果我發現自己什麼印象都沒有了，只記得那位業務先生臨走時的話，你要做個聽話的孩子，這樣才不會混得很慘。

這個事情已經過去一年多了，當時的我有段時間真的是被這位先生的觀點嚇著了，也是後來我才慢慢自我梳理，發現他的觀點是有很多悖論的。

首先是那兩個小男生，正如我所認為的，或許就是羞於出口說話而又好面子，加上討論環節的時間限制，不可能一下子就迸發出很多觀點。

二是業務先生所謂的那兩個男生的「有個性」，其實就是表達了對於他們不尊重「身為長輩的我」的一種不滿，可是實際上在這種陌生場合裡，不適合熱情聊天並不等同於不尊重別人，而且這種不開口說話也並不等同於有個性。

業務先生的話，讓我想起了我第一份工作辭職的時候，我的主管跟我說的一番話。

按照所有的公司辭職流程，都是主管找你談話，了解你的想法，先是勸你留下來，而後如果不成功，就對你表達祝福，並且表示，如果去到外面做得不開心了，這裡的大門是隨時為你敞開的。

我的主管算是我職場裡的第一個貴人，所以他從來不跟我玩虛的一套，他把我領到辦公室，直接開門見山的跟我說，以我這麼多年的工作經驗，我們現在這一家公司算得上是同行業裡福利待遇都很不錯的，你看跟你一起畢業進公司的這批同事，還有跟你年紀差不多的女同事，現在都是懷孕還有積極備孕中的了。

我不說話。

主管繼續說，我並不是說女人不需要事業，但是我的觀點是以現實層面來說，女人最重要的還是在適當的時間做適當的事情，你看你現在工作表現還不錯，跟男朋友的感情也穩定，我建議你在這裡完成結婚生孩子的步驟，我們公司這方面的待遇很好，而且我也會盡量照顧你罩著你，你就不要再有那些要出去看一看的想法了。

我告訴你，在哪裡工作都是辛苦委屈的，在哪裡生活都是不容易的，你要做的是不斷調節自己的心態，然後慢慢適應自己在人生中每一個階段的不同狀態。

那個在主管辦公室的下午，我一直沒有說話，更說不上反駁。

那天晚上回家，我一個人哭了很久很久。

一是因為自己從大學畢業就到了這家公司上班，人生裡的第一份工作對於我而言是極為重要的，我在這裡學到了很多，重點是認識了許多可靠的同事朋友。

二是一想到我以後可能再也遇不上這麼好的主管了，我就難過得無以言表，他說不上多好，只是對比起其他部門冷冰冰的理性主管，我的上司就像一個溫柔的大叔一樣，願意跟我聊職場的規劃，也願意跟我聊各種八卦，心情不好的時候會開導我，知道我喜歡吃水果，所以每週五會舉辦部門下午茶，買零食的經費就交給我一個人掌管，而且從來不過問花了多少錢，如果不夠他就再補錢進來。

這種被人信任的歸屬感，是我在這份工作裡獲得的最大的成就感，也是我覺得我再也不會遇到這樣一個好主管的原因。

最重要的一點，是在於我明明知道我的上司說的那番話句句都是對的，我找不出任何理由反駁他，可是那一刻我心裡的另外一個聲音卻是，我必須要走，我應該離開這裡了。

這種糾結的矛盾感讓我痛苦萬分，不知道如何梳理，後來的我才知道，那種狀態並不在於是我辜負了我的大叔上司的自責感，也並不是我對於未來的路不確定而產生的恐慌感，那種掙扎在於，**我知道自己選擇了一條不對也不錯的路，只是我竟然找不到一個可以支撐自己這個決定的鏗鏘有力的理由。**

告別一份工作，就像跟一個前任分手，萬分不捨而又不得已為之。

我看過很多人的職場故事，每次離開一份工作的時候，總是各種理由，有些出發點是因為覺得公司本身的弊端，從制度到流程，從瑣碎八卦到人際關係，每一點說起來都是義正言辭的理由，有些人則是因為還想看看更大的世界，總覺得別人家的工作就是要比自己的好，所以總是想試著過去看看。

如果是今天的我，能夠穿越回那個第一份工作辭職的下午待在主管辦公室的自己，我會這麼告訴我的上司，每一個人的離開，理由有千萬種，但是實際說起來，一份工作犯不著上升到自己太過於痛苦，自己很不快樂，或者是在這裡感覺沒有人生如此格局之高的程度，所以也就意味著，我並沒有把外面的世界想像得萬般美好，所以急著離開這裡去到更加精彩的世界。

我會告訴我的上司說，生活中很多人只能陪伴我們生命的某一段旅程，那麼當然每一份工作也只能陪伴我們某一段時光，我們都是自私的，在每一個平臺裡成長到一定程度，也會希望能到另外一片森林吸取養分，這樣的我們才能成長為一個全方位成熟的人。

至於他當年教導我要早日結婚生子的部分，當他告訴我出去了就再也遇不上更好的福利的公司時，我是一度真的有點害怕的，因為自己心裡也明白大公司所給予的條件真的會好很多。

可是如今一年多快過去了，我發現那些我原來的老同事，想結婚生子的已經結婚生子，單身的仍舊單身，公司每天依舊人來人往，你會發現，建立家庭生兒育女這件事情，公司所能提供的那點福利，根本不值得我把自己的整個生活規劃完全套進去。

可是當年的我，差點就被這些許善意的勸言給綁架了。

如今想來，我的上司沒有錯，我自己也沒有錯，錯的是我想要的生活狀態跟他的不一樣，僅此而已。

過年回家是我最害怕的時候，主要原因不是三姑六婆的逼婚，或者質問你的工作情況收入多少，因為不管你怎麼回答，在他們的眼裡都是他們的世界才是最值得讓人嚮往的。

最讓我害怕的是，是家裡一些長輩會諄諄教導我，身為女子要以丈夫為重，要照顧好自己的父母兄弟姐妹，更要以生兒育女為要事，這樣才是一個女人圓滿的一生。

這種男權主義的說法在任何一個落後一點的小地方都會存在，所以我基本上也不會太在意，通常只要不說話只是聽聽，忍著把走春串門子這個活動走過去就算了。

然而可怕的是，他們卻會影響著無數其他那些不是特別有主見的小女孩，很多老家的同學真的就被洗腦了很多年，從一開始的反抗到後來的慢慢妥協，告訴自己「以前因為年輕所以很任性，可是現在想來好像他們說的真是挺對的……」然後就真的聽從父母之命相親結婚，生了孩子在家當主婦。

其實我們知道，**每一種人生選擇都是需要承擔責任的**，但是可怕的是我的這些聽從家裡老人安排的女同學裡，在後來婚姻不幸福的時候、出現家庭危機的時候，第一反應不是想辦法溝通解決，而是直接大鬧「我就是聽了你們這些老人的鬼話，我才變成今天這個樣子的！」於是爭吵從小家庭轉變成雙方父母，甚至是雙方親人的戰場，苦不堪言。

其實仔細想一想，任何一種人生都不會一帆風順，我們會因為信任一個人於是聽從他的觀點，決定自己人生的某一件事，尤其是對於長輩的建議，我們總是會先尊敬他，而後變成因為「要聽從過來人的經驗」這個觀點上被迫綁架。

很多人喜歡講「三十而立」，一旦某些數字被標籤化之後，人們總是習慣主動或被動的將其視為理所當然，在我們的意識裡，也總是覺得這個年紀的標籤，意味著一個人無論是內在累積還是外在的物質財富，也都應該優於小一輩的人物，我們作為小輩，的確就應該多多聽取長輩的意見。

但是問題在於我們忘了一件事情，這個世界上不是所有人的心理成熟都是跟自己的年齡匹配的。

也許會有人說，你的意思就是，那些有錢有勢所謂的成功人士，他們說的雞湯就是人生勵志格言，那些混得不好的大人說的話就是狗屁囉？

我的回答是，一是我從來不覺得有錢有勢的長輩就一定是人生導師，但是我們必須要接受的現實是，那些能說得出接地氣的人生道理的過來人，他們的人生肯定混得不會太差。

二是在我的評價標準裡，聽取一個過來人的建議的邏輯，是在他身上尋找那部分你想要的答案，比如一個職場裡有些許成就的有經驗之人，比如一個開一家小店經營得有聲有色的老闆，比如說一個曾經叱吒商場後來決定弄一塊農田回歸原始生活的農場主人，在他們身上探尋到某一種能夠讓我們有所提升，有所感悟的回饋，這才是對的請教方式，也才是對的過來人建議。

有人留言，說我每次說完一個故事的時候，都要強調一下我只對我自己負責，他說這樣的我很自私。

我沒有回答他的是，我每次請教一個長輩，當他告訴我在某一個事項上我該做什麼決定的時候，我都是回家先潑自己一把冷水，看看自身的當下實際情況，然後再做最後的決定。

我現在依舊經常跟我第一份工作的主管吃飯，就彷彿我還在他手底下做事一樣，他會一一為我解答一些困惑，只是如今我已經懂得如何理性對待這些建議，我至今沒有告訴他那天夜裡我哭得很慘的事，因為我覺得很丟臉，而且職場關係裡也沒有必要對這些情緒化的事情太認真。

他還是那個我崇拜的大叔主管，只是我不會一味的聽從他的建議了。

我自己也算得上是個快奔三十的女人了，會有很多小孩子跟我請教生活中瑣碎無比的事情，**有時候我能給出的建議，就是你得知道你自己接下來作出的選擇，有多少是在你自己可控範圍內可以把握的。**

比如說大學要不要重考，大四要不要考研究所，第一份工作選哪個，這些可控在於，重考失敗了，也只是選擇一個差一點的學校；考研究所失敗了，可以繼續準備第二次或者直接開始工作；第一份工作只要不是進傳直銷公司，而且能夠養活自己，那就是一個好的開始了。

我們所擔心的大部分生活選項，其實都是自己可以控制的事項，至於那些我們需要真的考慮的事項，比如說讓自己有一技之長，比如說找一個對的人過日子，比如說經營一份對的友情，比如說果斷遠離一些沒有用的圈子，比如說塑造自己的內在價值觀跟看世界的角度，**這些看起來虛無縹緲的東西，其實才是決定我們想不想以自己喜歡的方式過一生的重要因素。**

《城市畫報》的前主編黎文先生做了一個小清新的電臺叫「荒島電臺」，身為一名資深的雜誌人，他對優質雜誌的高要求貫徹在他對這個電臺的文稿、音樂，甚至是配圖的選擇上，在這個電臺裡，你能聽到他的原創文字，也能聽見許多風格小眾但悅耳的音樂，分享著他對音樂的理解。

有一次黎文先生分享了一個觀點，叫做「不要相信三十歲以上的人」，他說，「不要相信三十歲以上的人」這句名言出自一九六〇年代的嬉皮青年們，至於我們如何在告別青春期之後依然青春？有人減肥，有人整容，有人縱火，有人獨行，前提是你要明白，青春狀態，是一種奇特的化學反應，它的不確定和不穩定，塑造了未來的生命。

不要輕易相信三十歲以上的人，所以也沒有必要輕視比自己年紀小的人的精神力量，在我所認識的越來越多有意思的人中，**我漸漸發現一個人的心理成熟程度跟他的年齡不是完全匹配的，一個人的人生厚度也不是僅僅透過年齡的增加而彰顯的。**

那些我們經常看到的《三十歲前決定人的一生》一類的文章，千萬不要因為自己沒有做到裡面的很多事項而慌張，因為那些事情裡，大部分三十歲以上的人都沒有做到。

就像蔡康永說的，有些事現在不做，一輩子都不會做了，可是他也說過，有些事情一輩子不做，那也不會怎樣啊。

你需要明白的是，不要為自己定義任何一個在某個年齡之前必須完成的任務，別人要做的任何事項選擇都是他們的人生清單，而且他們還沒有多少人真能做得到，從這點上來說，弄明白你想要的生活的意義，比去思考「要不要相信誰」這件事情重要多了。

正如毒舌王爾德先生說的，「每個人犯了錯誤，都自稱是經驗。」對了，他還說過，生活從來不是公平的，或許對我們大多數人來說，這是件好事。

我知道自己選擇了一條不對也不錯的路，
只是我竟然找不到一個
可以支撐自己這個決定的鏗鏘有力的理由。
告別一份工作，
就像跟一個前任分手，
萬分不捨而又不得已而為之。

下一站地鐵

不是生活讓我有動力前進，
而是如果我不往前走，後面就是萬丈深淵。

有一句話是這麼說的，沒有在深夜裡痛哭過的人，不足以談人生。

小花告訴我，沒有在大城市擠過地鐵的人，不足以談奮鬥。

要在一線城市生存下來，學會擠地鐵是第一件大事。

小花跟我說她在大城市上班的時候，有一天提了一個便當帶去公司當午飯，在地鐵裡的某一個站，後面的人要下地鐵，於是開始往前面推小花，人群越來越擁擠，小花只能雙手摟住扶手杆，結果後面有人狠狠的推了她一把，那一瞬間她的便當盒就飛出了門外！

滴答一聲，地鐵門關上了。

從此以後，小花再也沒帶便當去上班。

後來她學會了保護自己，有一次擠地鐵，她穿了一雙平底鞋，所以在擁擠的車廂裡也能死死守住眼前這一點地盤，不管人前人後各種搖擺，她只是閉上眼睛告訴自己，淡定淡定，在一片慌亂中，小花終於到了自己公司附近的那一站。

走出地鐵的時候，小花發現自己腳上的一隻鞋子不翼而飛了。

我不知道那天小花是怎麼去上班的，後來的日子，她每天都會在背包裡多備一雙鞋子，然後穿上最不容易弄髒的深色鞋子，當做搭乘地鐵的標準配備。

我大四那一年在北京實習住了五個月，上下班的時間也是固定，所以總是遇上通勤高峰的上班族，有一天我穿著拖鞋上了地鐵，隨著一站一站過去，車廂裡湧進來的人越來越多，我開始被周圍一群人的身體各種觸碰著。

地鐵一啟動，我們往前一倒，地鐵停下來了，我們又倒了回來，這種來回的人浪節奏讓我來不及注意自己的安全，因為我覺得自己快要晃暈了，就在我垂著眼皮的時候，又有一群人湧進來，然後瞬間，我就被騰空了！

來不及反應過來，我的雙腳已經離地，上半身被四周的身體擠壓著往上提，我當時的第一句話就是，我的鞋子咧？我的鞋子咧！

這個飛翔的狀態持續了快十多秒，然後人群疏散了一點，我開始著地，光著腳丫來回搓了好幾次地板，終於找回了我的鞋子。

長舒一口氣。

深圳工作第一年，住在郊區，上班的地方在市中心。

每天早上六點起來，洗漱完了各種收拾，要趕在六點半以前出門，這樣才趕得上地鐵這一趟人沒那麼多的時間點。

夏天的時候要限制人流，趕到深圳北站換乘的時候，前面已經聚集了一大批人，聽著樓上轟隆隆的地鐵到來，地鐵的工作人員盡職的守著入口。

第一波人上去了，然後是五分鐘後，第二波人上去了，幸運的時候可以湊巧混進第二波人，但是一般都是沒有辦法的，我開始汗流浹背，旁邊穿襯衫的男生早就已經濕透，女生在不停的用紙巾擦汗，人群開始騷動。

終於聽到了地鐵進站的聲音，我們飛一般衝上去，在閘門口排隊，那一刻除了少部分人坐電梯，其他大部分人都是一個箭步踩著樓梯就飛奔上去了。

到了這裡，第一場戰役剛剛打完，接下來開始第二場戰役。

深圳北站是一個很大的轉乘站，兩條主要的郊區外的地鐵線在這裡彙聚，地鐵開門的時候，所有人會湧進去，當你覺得自己已經塞不進去的時候，事實是接下來還會繼續塞進去幾十個人。

一開始我不敢擠進去，因為看著那個畫面真是很害怕，可是後來我發現如果自己要等下一趟，後面的人也一樣會展開一萬分戰鬥力擠到我前面，如果我一直待著，那肯定是沒有辦法到公司的了。

這一刻我突然心裡冒出一句特別萬丈光芒的話，**不是生活讓我有動力前進，而是如果我不往前走，後面就是萬丈深淵。**

於是我眼睛一閉，也就跟著擠進去了。

在這一刻的世界裡，真的沒有太多的禮貌教養可言，大家也都習慣了彼此猙獰的面孔，搶到座位的人會鬆一口氣，覺得這半個小時終於解放了，沒有座位的人會想辦法找個一個地盤，或者是靠著另一端門口的角落，或者是圍著扶手，接著巡視周圍一番，然後一副「嗯，這就是我的地盤」的表情。

有時候人群擁擠到了極致，後面的人還會繼續想辦法擠進來，最痛苦的是卡在門口那一個，裡外不是人，他往前沒有空間，稍微遲疑一下就會被擠掉，瞬間地鐵門就關上了。

這一個卡在門口的人會卯足了勁，兩隻手撐開各自抓著門口兩頭，通紅的表情彷佛在默念著倒數計時，一秒，兩秒，三秒，再堅持一會就好了。

滴答一聲，大門關上了，身後的人終於被迫離開，在地鐵門關上那一瞬間，卡在門口的那一個人放下雙手，前一秒高昂的戰鬥力就像個漏氣的皮球，癱瘓無力。

有時候遇到極致情況了，也會難免爭吵，於是有人出聲。

「門口的不要擠了，真的沒有地方了！」

「擠一擠啦，大家都趕時間呀！」

「可是真的擠不進來了，你下去吧，不然門口也關不上，我們都沒辦法準時上班對吧？」

在門口的那個人，這個時候是聽不進去這一句話的。

人群裡會有人發怒：想要害我們一車人都上不了班是吧？

你這什麼意思，就你一個人急，說得好像我就不需要上班了？

擠不上你就搭計程車啊，這麼沒素質幹嘛？

沒素質？你說我沒素質，那你怎麼不去搭計程車啊！

吵鬧聲越來越大，這時候有人出來勸架，說好了好了，大家都不容易，也都心急趕著上班，要不大哥您就下去等下一趟車吧……

門口的人還是不依不饒，然後是各種爆粗口，我看了一眼在車廂裡面所謂「安全區」的人，滑手機，看報紙，還有閉上眼睛補眠的，大家一副事不關己的樣子。

最後是地鐵工作人員來協調了，最後怎麼關上的門，我終究沒有看見。

我喜歡在搭地鐵時觀察別人，一些稚嫩的小女生看得出也是跟我一樣剛開始工作的，眼神清澈，有點被剛才的爭吵驚嚇到；有些是習慣了這個場面的老油條，大概是在這個城市工作了蠻長一段時間，而且一直以來都是如此遠距離路程的上班族。

2

地鐵裡大部分都是年輕人，很少遇到老年人。

有一次看見一對老夫婦帶著孫子上地鐵，人群中沒有人要讓座的樣子，吵鬧聲跟擁擠把小孩子嚇哭了，於是終於有人站起來讓了一個座位，兩個老人互相推讓著，後來是旁邊的人覺得不好意思了，無奈只能站起來了，老夫婦抱著孩子就坐下了。

老夫婦還帶著一大袋的行李，小孩子說要喝水，老爺爺摸索半天才顫抖著把水拿出來，打開瓶蓋的時候周圍一眾人都退讓了一下，怕水會潑到自己身上，小孩子一路上有些吵鬧，一雙腳在本來就沒有空間的座位前踢來踢去。

後來下地鐵了，聽到前面兩個女孩在議論，這些老年人也真是的，閒著在家就不要在交通尖峰時間跟我們搶交通資源了，一大把年紀了要是被擠出問題誰來負責啊？

另外一人回答說，那也沒辦法，說不定是小孩子放暑假了，老人家作息又是習慣早起的，他們帶著孫子一大早想出去遊玩也不是他們的錯。

前一個女生說，我知道他們沒有錯，只是在那種環境下有時候真是很煩……

我無奈的笑著，這一刻突然發現，生活的壓力早就讓我們顧不上文明禮節謙讓這件事情，即使有時候心裡是理解他人的，可是真的到了自己的這丁點擠地鐵的空間權利被瓜分之後，也難免會一陣抱怨。

以前看外國人的地鐵文化，即使在上下班時間都是在優雅的看書，總之整個車廂就是安安靜靜的，然後媒體總會寫上一個驚悚的標題，「可怕的德國閱讀文化一族」或者「英國的國民閱讀素質是在地鐵裡培養起來的」一類，而後我明白這一切在這裡是絕對不成立的。

經歷了這麼幾輪的奔跑、擁擠、搖擺、站立下來，別說有精神看書了，連看報紙都沒有鋪開的空間，大部分都是低頭一族，打開手機看各種新聞資訊，也有遇到一些拿著 Kindle 閱讀器的，戴上耳機，瞬間也能為自己營造出一個相對自我的空間。

這些年，我倒是很少看見有人在地鐵上吃東西，最多的時候是會喝一杯飲料，但是也遇過啃一口麵包的人，想著他大概也是餓到一定程度了，而且通常還沒等別人對他的行為表示不滿，相繼湧進來的人早就逼得他三兩口就把麵包吞下去了，我心裡想，上班族的胃病大概就是這麼折騰出來的吧。

坐了一段，我還得下車轉搭其他地鐵線，這個時候通常都是接近八點五十了，如果趕得上這一趟地鐵，我就可以準時打卡，要是錯過了這一趟，那就必定會遲到，每次踩著電扶梯往下的時候，這幾秒的時間裡我的心跳就會砰砰不停，心裡默念著，千萬別那麼快進站，千萬別關門，千萬要等我衝進去……

有一個很有趣的現象，週一週二的時候，大家的包容性都會強一些，到了週三週四進入上班疲憊日了，感覺擠地鐵的人也變得不那麼友好了，或者說更不耐煩了，車廂裡沒有人說話，把握每一分鐘補充睡眠，甚至還真有大叔熟睡到打呼的，一陣陣此起彼伏，讓人羨慕而又忍俊不住。

一年後，我存夠了錢，搬到市中心，就很少再經歷這種刻骨銘心的痛苦了。

後來的日子裡我開始加班，早上的時候因為住的離公司很近，有時候走路就可以去上班，所以後來很長一段時間裡我都沒有經歷過交通尖峰時間了。

遇到颱風天下暴雨的時候，聽說好多同事被困在了地鐵的出口裡，還有好多同事全身淋得落湯雞，我總是會在心裡想，如果我現在還住在郊區的話，我也會跟他們一樣遇到這種難堪境地。

可是轉念我又告訴自己，人來人往，這個城市裡每天都會有新來的人在這裡扎根生存，很多大學畢業生就是工作第一年的我，**會慢慢成長起來，更多的新面孔也會湧進來，亦如當年那個天真而又對未來生活有些小期待的我一樣，從開始對這個城市充滿希望，然後漸漸失望，接著學會適應這種錯位感，慢慢營造自己的舒適圈，直到漸漸把這個發達的一線城市，當成了很熟悉的第二故鄉。**

3

我的老家同學第一次來深圳，待了三天就回去了，我問她為什麼這麼趕，她說坐地鐵的時候看著人來人往，心裡害怕到發慌。

我笑著說，那你還算是幸運的，沒有趕上交通尖峰時間，那才叫恐怖。

老同學說，你們這裡的人走路也太快了，有時候都是用跑的，我覺得要是讓我在這裡生存，我肯定活不下去。

我回答說，那你應該去一趟香港，那邊的人連平時也是小跑步走路的，生活壓力造就了這種快節奏的狀態，久了大家也就習慣了。

老同學搖搖頭，算了，這樣的人生我還是不要了。

小花去年從北京搬遷回老家了，現在每天坐公車去上班。

她告訴我，以前在北京擠地鐵的時候，早晚通勤花去五個小時都覺得是正常的，可是回到老家坐四十分鐘的公車行程，我就覺得太辛苦太浪費生命了。

我笑著問，在北京很多人跟你一樣漂泊著，你會覺得有很多同伴對不對？

小花說，對，就是這個意思。

我後來帶的一個實習生女孩，每天都是精神抖擻的來上班，我聽說她也是跟同學一起合租住在郊區，於是問她，你每天一樣擠地鐵上下班，怎麼看起來好像也不累的樣子啊？

小女生說，我會替自己帶一份好的早餐，這樣路上的時候覺得心裡是滿滿的，不會覺得生活太苦，然後我準備了一雙漂亮的鞋在辦公室，到了這裡就換上，有時候來不及化妝了，就到辦公室補一下就好了，只要能想辦法解決，還是可以調節自己的心態的。

這個女生很愛笑，她告訴我說，**生活已經夠苦的了，地鐵裡那一段大家都是過客，也是短暫的一段狼狽，但是走出地鐵那一刻，我就告訴自己，你要打起精神來了，是你自己選擇要來這裡奮鬥的呢！**

這一刻我開始明白，地鐵濃縮了都市生活的繽紛色彩，承載著快樂和憂傷，也交織著夢想與希望，這一趟趟滴答聲，路過寒冬酷暑，即使車廂裡每分每秒都在上演不同的故事畫面，但是大家都知道，這一趟地鐵是開往春天，也是奔向希望。

前天夜裡我一個人去超市買一大堆東西，快走到家門口的時候突然天降大雨，因為東西太重我根本跑不動，馬路上也沒有可以躲雨的地方，這麼幾分鐘的時間裡，我全身淋成落湯狗。

回到家裡，狼狽至極，我在閨密群組裡抱怨了一句，等老娘年底買車了，就再也不要過這種苦日子了！

本來希望討得一絲安慰，結果W小姐冷冷的回了一句，算了吧，等你有車了也不一定幸福，下雨天堵車堵到可以把你逼得發瘋，而且你要知道一線城市的交通狀況，從來就沒有過順心的時候，到那時你就會偶爾懷念起自己的地鐵歲月了。

那一刻我本來很浮躁的心瞬間安靜下來，我仔細想了想，我不能對自己還沒到手的東西有太多美好的幻想，這樣到時候我也不至於有太多失望，就如同我現在覺得眼前的境遇已經糟糕到不行，可是轉念一想，比起工作第一年起早貪黑的地鐵生存記，我如今都算幸福多的了。

所謂的生活，應該是慢慢變好的，我不應該期待自己一夜暴富變成白富美，更不應該念叨著等我有錢了，等我有車了就一定會很瀟灑，這不是現實的節奏，更不是奮鬥的意義。

張宇有一首歌〈下一站地鐵〉這樣唱到，人群擁擠著衝上月臺，相反方向是命運的安排，我在這陌生的城市，突然意識不到自己的存在。

每次等地鐵的時候，我都會發呆一陣子，然後看別人焦急等待的表情，就好像我們的人生，也在抉擇不同的路牌，挑選不同的終點，燈火通明的走道上，我總是會突然問起自己，我的未來在何方？

我開始明白，人生的每一個階段，都會有對應的生活難題等著我們去處理，從來就不會有絕對輕鬆快樂的生活，明白了這一點，或許我們急功近利的心可以緩下來，浮躁不安的節奏也能學會梳理些許。

就像那一句說的，**慢慢來，或許比較快。**

我開始明白，人生的每一個階段，
都會有對應的生活難題等著我們去處理，
從來就不會有絕對輕鬆快樂的生活，
明白了這一點，
或許我們急功近利的心可以緩下來，
浮躁不安的節奏也能學會梳理些許。

還能不能好好吃飯了？

我們總是在吃虧中成長起來，
時時刻刻行走於吃喝住行的消費中，
我們不能用人品用道德
去奢望這個社會能夠公平公正一些，
只能先多累積一些自己的社會歷練，僅此而已。

夜裡到樓下的小吃街吃加熱滷味，有個女孩跟老闆爭執了起來，仔細聽的時候才知道，原來老闆最近換了環保餐盒，所以外帶的時候需要另外多給五塊錢。

女孩說，你怎麼沒有提前告訴我？

老闆指著牆上幾個「環保餐盒，多收五元」大字，然後說，大家進來的時候都是這麼給錢的，他們外帶的時候也沒有這麼大意見啊？

女孩依舊一副不服氣的樣子，然後說，反正我沒看見。

老闆也是無奈，於是一直低頭忙碌著沒有說話。

女孩開始嘟囔著，明明不是我的錯，我一直以來在你這裡外帶都是不需要另外收錢的，你這是變相欺騙消費者，我就是不同意……

後來老闆娘出來圓場了，說其實就算我們不算餐盒的錢，把這五塊錢加在某一個菜裡也是同樣意思的，就是說法不一樣了而已。

結果話還沒說完，女孩撂下一句話，算了，我不要了，然後飛快收起手機，一瞬間就走人了。

老闆還沒來得及解釋，看著鍋裡已經煮好的菜，嘆了一口氣，只能自認倒楣了。

老闆去年在這裡開了這家小店，一開始是跟自己的老婆，還有母親三人一起打理，後來覺得生意忙不過來了，就把老家的父親也接過來了，因為這樣老家就沒有人帶孩子了，於是把剛滿三歲的女兒也接了過來。

我不知道他們晚上睡在哪裡，但是這一家不到二十平方公尺的小店擺了四張桌子，店面後面是廚房，基本上只能坐得下一個人的空間，通常都是老闆的父母兩人在裡面洗青菜串肉串，有時候半個小時都是蹲在地上忙碌著的。

他們跟很多做小本生意的家庭一樣，細緻入微，點滴節儉，小心翼翼的對待著來店裡吃滷味的客人，打包的時候更是耐心，老闆的父親會把塑膠袋套在餐盒裡，滷味裝進去之後打一個結，再在餐盒外面套個袋子，這樣一來兩個袋子一起拎起來，就不會灑出半點湯水。

我每次去他們家，老闆都記得我是那個不吃辣但是加一堆蒜的人，於是久了也待得舒服。

我回憶起那個幾分鐘前離開的女孩，應該是在這附近的辦公大樓上班，看起來年紀不大，滿面油光，臉上的妝容基本沒有多少痕跡了，她手裡拿著一堆資料夾，看樣子是還在加班。

這一刻，我能揣摩她的心情，大概也不過就是一天的疲憊到達一定程度了，我很累很辛苦很煩，偏偏打包個滷味的時候要多收我五塊錢，於是所有的不愉快都集中在這個點上爆發了：

我已經夠委屈的了，為什麼連生活都不饒過我？

或許對於女孩來說，這不是多給幾塊錢的問題，而是她那一瞬間會將自己在這個城市裡打拚的孤獨難受跟委屈都蔓延開來，這一切交織在一起全部化成了怒氣，她不是不依不饒糾結在這五塊錢上，而是她糾結於「這不是我想要的生活」罷了。

我向來是個胡思亂想的人，想起網路上有個餐廳的服務生把菜湯潑到一個女顧客頭上的新聞，心裡一陣驚悚，於是我安慰老闆說，沒關係的，她不要的那一份菜就直接給我打包起來吧，我再另外加點其他菜就好。

老闆嘆了一口氣，說我真是第一次遇到這樣的客人，因為五塊錢就這樣，做生意本來就是你情我願的事，但要是多幾個這樣半路說不吃就走了的人，那我這生意也做不下去了。

我沒有說話，就在旁邊一直站著，這時候老闆父親過來說了一句，也就是我們比較好說話，換做是其他脾氣火爆一點的人，這個女生不非得被教訓一頓。

聽完這一段，我心裡真是開始驚起了一陣害怕，覺得如今出來吃個飯都是個危險詭異的事情了。

我大概回想了一下這些年到餐廳吃飯的生活，一般如果是在上班的地方，或者是家裡附近，我向來都只會挑選自己熟悉的餐廳，我是個念舊而又執著的人，發現一家好餐廳了就不願意再輕易嘗試其他的地方，至於出差或者去旅行的時候，我也會盡量挑選那些看起來比較正規的，或者說是服務生的面孔看起來比較友好的餐廳。

會有人說，服務生的面孔也有友好與否之分嗎？

其實我說的只是一種感覺，比如你到了餐廳門口會有人向你打招呼，幫你引路，但是有些服務生就算不忙碌也不會主動過來，這當中或許有餐廳培訓的原因，但是我自己心裡明白，任何一份工作都是有疲憊或者不順利的時候，就像我自己上班也會偶爾有情緒就偷懶，服務生不是機器人，他們也一樣有情緒高低。

通常遇到這種情況的時候，我的第一選擇是換一家餐廳，如果沒辦法的話我也會試著微笑，然後用禮貌用語詢問能不能幫忙給一下菜單之類的，這樣的情況一般都不會有什麼問題，服務生也願意配合，哪怕是他臉上沒有積極熱情的表情，但是至少他也在進行他的工作了。

去餐廳吃飯的時候，我很害怕很熱鬧的吵雜聲，特別是那種拿著整箱整箱啤酒擺出來，很多男人一桌的江湖義氣式飯局，遇到這種情況我都是躲得遠遠的，並不是說看不慣這種場面，因為這本來就是傳統酒桌文化的一種狀態，只不過我自己覺得不自在，所以敬而遠之。

說起到餐廳吃飯最不滿意的情況，莫過於上菜太慢，導致這個結果的原因有很多種，或者是處於用餐高峰期，或者是餐廳流程不順暢，但是一旦累積到一定程度了，也難免拿服務生出氣，於是三番五次的招手，然後是大聲叫喊，最後甚至是呵斥跟發脾氣。

其實我們都明白這個道理，服務生只是負責端菜出來的那一個人，廚房的節奏不是他一個人能掌控的，但是身為消費者都是理所當然的覺得自己來這裡就是要享受的，我就是要來當上帝的，這一刻我的服務得不到滿足，我就有這個權利去抱怨。

我不知道之前提到的那個潑湯事件的主角雙方實際上發生了什麼，但是要知道爭吵的引起肯定是兩個巴掌的事情，像我這樣比較怕事的人一般都是忍一忍就過去了，但是要是遇上脾氣比較暴躁，或者就是想趁著這份情緒火上澆油的人，雙方衝擊到一起肯定又是一番爭吵，這種事情並不少見，只是潑湯這個事情發生的比較極端罷了。

2

我想起之前一個女同事告訴我的一件事情。

她跟一個男生朋友去逛街，在街上有一家熱鬧的冰淇淋店，就是那種你可以自助挑選口味的購買方式，最後按重量來算錢，男生朋友拿著小碗開始舀冰淇淋，另外還裝了很多切好的水果，最後稱重的時候差不多要四百五十元。

女同事跟她的男生朋友兩個人都傻了，覺得也不過才裝了一點而已，然後老闆告訴他們說價錢早就寫在小黑板上了，而且這個冰淇淋也不是那種普通的冰淇淋，成本蠻高的。

女同事大概在心裡琢磨了一下，說這個分量在別的地方大概也是兩三百，到了這裡可能是鬧區，店面比較貴，人流量也很大，本來做的就不是熟客生意，多加個一兩百元其實也可以理解。

女同事在心裡安慰了一下自己，然後叮囑自己下次不要再輕易的嘗試這種有點小上當的事了，就在她準備結帳的時候，她身邊的男生朋友居然不願意付錢，並且開始跟老闆對峙起來。

這個中間斤兩多少差距的問題我終究不知道，我只知道，女同事說到了後來兩人吵得不可開交，這個男生朋友居然要把冰淇淋退回去！

老闆肯定是不答應的，只是這個男生朋友也開始不依不饒，最後的結果是驚動了警察，因為男生朋友居然打了電話報警。

這件事情的收尾是，警察過來協調，最後以兩百五十塊錢成交，這個女同事告訴我，周圍所有人都圍著他們在看熱鬧，她已經不好意思到恨不得鑽進地洞去了，可是這個男生朋友義正言辭的說要維護自己的消費者權益，哪怕女同事說她來出錢結帳，男生也一口拒絕。

那天下午，我的這個女同事根本就沒有心情逛街，於是早早的就回家了，從此以後她再也沒有跟這個男生朋友逛街了，甚至說聽到這個名字就害怕。

我至今不知道怎麼去判定這件事情的誰對誰錯，因為我自己也經歷過被這種有些小投機取巧的價格矇騙。

在大學的時候我陪閨密W小姐去另外一所學校參加考試，因為學校在很遠的郊區，所以我們提前一天就過去了，那邊很偏僻，沒有飯店跟旅館，我們跟別人請教，說因為這個學校經常舉辦大型的考試，所以周圍的居民都有提供日租套房。

那天傍晚我們過去了，果然路上很多大叔大媽招呼我們要不要住房，我們挑了一個比較和善的阿姨，她說兩百元一個晚上，我們覺得還行，於是就過去了。

等我們拿出行李，床鋪開始打亂的時候，阿姨過來收錢了，她說一共四百塊錢。

我們很訝異，她說，我之前說的是兩百塊錢一個人住一晚。

我當時眼前就開始恍惚了，因為住旅館的邏輯不是這樣的，但是沒辦法，當時我們已經住下了，天色很晚，也沒有精力再去找別的住處，只能硬著頭皮給了四百塊錢。

現在回想起來，這不算什麼大錢，只是那一刻很不舒服，那一天晚上說實話其實住的也並不安心。

3

其實這樣的小事情還有很多，小到最簡單不過的就是提前詢問餐廳的服務費，以及小菜要不要另外收費，大到我現在出去旅行的時候做的第一件事，就是搜尋旅行攻略怎麼不被這些小技倆拐騙。

我們總是在吃虧中成長起來，而且我開始明白一點，人們時時刻刻行走於吃喝住行的消費中，我們不能用人品用道德去奢望這個社會能夠公平公正一些，只能先多累積一些自己的社會歷練，僅此而已。

都說人之初性本善，可是有時候我甚至會懷疑人之初是性本惡的，這樣人類才能生存下來。

人和人之間的友善是相互磨合出來的，爭吵跟不愉快也是相互添油加醋出來的，當這個社會依舊處在還不能夠用文明道德來約束一些事情的時候，我們唯一能夠做的就是讓自己多一份克制跟忍讓。

也許會有人說，那些做短斤缺兩生意的人，難道我們就不應該站出來討伐甚至是抵制嗎？如果大家都忍讓那麼這些惡習不就成了真理了嗎？

我的意見是，如果希望得到公平的對待，你大可直接去大型的超市一類的地方進行採購，這樣價格明細有理有據，但是有需求就會有市場，如果一個小小的水果攤上的價格要比超市便宜很多，哪怕少了幾兩也照樣會有人去買單，不管你同不同意，這就是現實所在。

我家樓下擺攤賣水果的大叔，早出晚歸頂著大太陽，自己曬出一身汗，也要隔一段時間給水果澆水保持新鮮，有時候還要擔心警察過來開單。

你會發現，**這個世界裡每個人都在努力的生存著，除了那些極少數的奸詐手段使用者，我寧可相信大部分人也都不過是為了讓自己生活得更好一些罷了。**

至於那些在旅行中遇到的很極端的天價事件，隨著大家旅行的普及率高，即使這種事情依舊存在，但是我們至少也應該提高一些自己的見識，不要輕易聽從那些非正規導遊的建議了。

碎碎念這些，無非就是想要告訴自己，**社會是很危險的，你不僅要學會大膽，更要學會聰明的活**，與此同時你要明白，這個社會也是溫暖的，那個固定送水來我家的男生，我每次都會給他一罐冰箱裡的飲料，道一句謝謝辛苦了。

有一次他送水過來，碰上我在做飯，他笑著問你一個人做這麼多菜啊？

我笑著回答，吃不完也能打包帶去公司啊。

送他到門口的時候他告訴我，我在這區送水這麼多年，會說一句感謝，然後等我走到樓梯下面了才輕輕關上門的，你是頭一個。

這個世界裡每個人都在努力的生存著，
除了那些極少數的奸詐手段使用者，
我寧可相信大部分人也都
不過是為了讓自己生活得更好一些罷了。

生命中所有的經歷都是有用的

生活從來沒有變得更好，
只不過是我們自己變得越來越從容罷了。

1

二〇〇二年的時候，我在念國中，我的一個遠房嬸嬸開了一家裁縫店，街上從小孩到老人都會去她的店裡量體裁衣，挑喜歡的布料，給自己做一件新衣服。

有一年寒假，我到嬸嬸的店裡幫忙。

即使那個時候我已經知道了很多牌子的衣服，即使我自己已經開始去買成套的運動服來穿，但是這絲毫不妨礙我看著嬸嬸在縫紉機上工作時的那種癡迷。

攤開一捆重重的布匹，扯下一塊布，一把專用木尺，扁長的一塊劃粉，三五下一件衣服的輪廓就畫好了，然後拿出一把很大的剪刀，這一刻嬸嬸開始把身子往前傾，半身匍匐在桌子上，左手按住布匹，右手持剪刀，順著樣板線條往前移動，她屏氣凝神，嘴角還下意識的動起了節奏。

沒有任何遲疑，如同行雲流水一般，剪刀飛往布匹的盡頭，三兩下就把一件襯衫外套的主體、袖子、衣領幾個部分都剪裁出來。

縫紉機上的她也是個極其專注的模樣，腳下有節奏的踏著板子，右手一推轉輪，針線孔如同安裝上馬達的機器，整齊劃一的往前移動，拼接好的部分慢慢溢出來，直到堆滿整個縫紉機的左側。

遇上拐彎之處，嬸嬸左手張開，五根手指嫻熟的移動著不同的幅度，如同鋼琴演奏家孔武有力的手指，布匹跟著她手掌上的力度慢慢轉移、拐彎、加針，然後收線。

我那個時候也學會了用縫紉機，但是僅僅止於給自己的布娃娃製作衣服，大人做生意的衣服我是萬萬不敢碰的。

有一天嬸嬸拿來一條成型的褲子，讓我幫忙收褲腳，褲腳部分已經用熨斗燙好了版型，我只需要把裡邊的那一小寸布固定就好。

我拿起針線，線尾打結，然後穿進第一針，第二針的時候，需要用針尖把外層布最微小的一根纖維條穿過，這樣褲腳外層根本就看不出針孔的痕跡，然後再是裡面的布料穿過一針，接著穿過外層布最微小的一根纖維條，周而復始，走成了一個整齊的W型。

有時候穿外層布的纖維條用力過猛，就會看得出痕跡，所以我總是每扎進去一針，先從周邊觀察一下有無痕跡出現，然後才敢把針線穿過。

幾條褲子試驗下來，我居然也開始變得嫻熟了起來。

嬸嬸的店裡還有做另外一個生意，就是寢具用品，針線活做得不錯之後，她就安排我去店門口，負責看顧每天擺在外頭的那些寢具用品。

枕頭一百五十塊一個，兩百五十塊兩個，遇上比較精明的客人，你就兩百三十塊也給他兩個就好，但是不要一開始就把底價喊出來了，至於那些比較挑剔的客人，你就說裡面有品質更好的，可以先進來隨意看看。

床罩被單都是顏色鮮豔的擺在第一排，然後按照布料舒服程度依次往後放，客人衝著明亮的顏色到我們這裡，然後開始用手試摸布料，感覺還不錯就會繼續摸下一塊，漸漸覺得裡面有更好的選擇，他就願意走到店裡頭來看看。

冬天的時候蚊帳不好賣，但是別忘了過年前後也是最多人辦婚禮的時候，所以我們把大紅色的蚊帳樣品擺一件在門口，告訴客人我們有這樣東西就好，置辦嫁妝的人不會輕易做決定的，他自然會走進店裡來挑選各種款式，所以你就不需要擔心吸引這部分客人的問題。

嬸嬸一點點跟我交代這些細節，然後她就走進店內角落縫製衣服了，我負責店門口的一切交易，至於我招呼到那些願意走進店裡逛逛的客人，再由嬸嬸起身接待。

她從來不管我到底會不會，她只是交代了，就離開了。

我也是之後才知道的，前面那幾條讓我做收褲腳的針線活，居然就是客人訂製的衣服，我以為是用來讓自己練手的，結果那天下午客人就過來取褲子了，他上下左右裡外檢查了一下，然後付錢離開。

事後我還是有些害怕，萬一我當時弄得一塌糊塗，那好好的一條褲子就會被我給毀掉了。

這時候有客人來了，果然問起枕頭的價格，我極力平復有些忐忑不安的心情，然後扯著響亮的嗓子說，枕頭一百五十塊錢一個，我們這邊有樣品，你可以看看裡面的棉花很不錯。

買一對能便宜一點嗎？

那你還需要搭配枕頭套嗎？我可以一併給你便宜一點的價格。

枕套怎麼賣？

最便宜的八十元，最貴的四百元，你順著這一排，看看哪個你摸起來舒服？

客人是個年輕的阿姨，她真的把每一張枕套都摸了一遍，果然，按照嬸嬸的物品擺放原則，她又開始摸起了被單，嘴裡念著要給自己上學的女兒挑一套床上四件組。

我當時的第一反應就說，阿姨我今年也上國中，也開始住校了，學校宿舍的床鋪很硬，最好挑一個品質不是很好的棉被當成鋪在下面的墊子，但是最好挑舒服一點的床單，至於用來蓋的被單跟棉被就要更舒服一些的了。

還有就是宿舍床小，不需要買奢華的那種四件組，挑一個一米二或者一米五的規格就好，女孩子比較喜歡乾淨可愛的圖案，小動物或者小花的都不錯。

等我一口氣說完這番話，這個阿姨終於從在店門口徘徊走進了店裡，然後接下來的任務就交給我嬸嬸了。

那是我促成的第一單生意，賣出去了一套四件組，兩床棉被，阿姨還替自己訂做了一件西裝式的外套，差不多快兩千五的收入。

嬸嬸笑著跟我說，看不出你這麼文靜的小孩，說起話來還很不錯啊！

她不誇還好，一誇我就臉紅了。

我繼續守在店門口的擺攤上，中午時分客人開始多了起來，很多大叔大媽在挑枕頭，有些人摸幾下就走了，有些問了價錢也走人了，還有人不買也不走，就一直說「為什麼要這麼貴，為什麼要這麼貴……」

我想起之前嬸嬸也處理過這樣的情況，於是我開口跟那個碎碎念的大媽說，您不買也沒關係的，可以先摸摸品質看看，現在正是趕集的熱鬧時分，您可以去這條街上的其他店鋪都走一遍，就當邊逛邊遊玩了，等您最後都逛完了，再做決定也不遲對吧？

果然，大媽聽進去了，終於沒有再賴在門口了。

下午的時候我在忙碌中，來了一個女孩，說要買一整套寢具用品。

我在張羅中沒有注意看她，只是隨口一問，你是買來自己用還是送禮呢？

她說我要用來當結婚嫁妝的。

於是我抬起頭，剛想說話，然後我就驚呆了。

這個女孩，是我的小學同學，住在更遠的鄉下，因為比較晚就學，五六年級她到我們班上讀書的時候，也已經十四歲了。

或許是窮人的孩子早當家，她在班上如同一個知心大姐姐，掃地抬水搬書她都會出一份力，半點埋怨也沒有，每次考試前夕我們緊張的時候，她總是一副很鎮定的表情安慰我們，不就是一次考試嘛！又不會死人！

有天傍晚的時候她負責到黑板上摘抄作業，我們看到她的褲子上有一片烏黑的血跡，女生們有些似懂非懂，男生們就各種交頭接耳，甚至吹起了口哨。

後來是有個女生上去提醒她了，她靦腆笑了一下，然後丟下粉筆，拿起自己座位上的外套繫在了腰間，然後離開教室。

學校的福利社沒有賣衛生棉，於是她跑去辦公室，找女老師幫忙，當然這些也是我們事後才知道的。

第二天有女孩問起她的情況，當時班上的女孩中就她一個人知道大姨媽這回事，所以她開始為我們解答這些疑問。

現在想起來那應該是我第一次接收到性教育這個東西，家裡的父母從來沒有跟我講解過這些知識，這一切見識的收穫居然來自於班上的一個女同學。

我對她的記憶，從小學畢業後就開始漸漸消淡了，我不知道她去了哪裡，我以為她是到了另外一所學校上國中，但是我萬萬沒想到的是，我還在放寒假的這一天，竟然就是她準備出嫁的日子。

那是我第一次遇到這種有些小尷尬的情況，我不知道怎麼處理，她身邊有一個男人，看起來比她大很多，感覺像是老實人，我把嬸嬸喊了出來，說這兩個人要購置一套嫁妝。

一般這種所謂的大客戶，嬸嬸絕對是十二分的笑臉迎接的，果然他們挑了很多不同的款式，清一色的大紅色系列，也不像那些大媽一樣會斤斤計較價錢，就是搭配好了最後讓嬸嬸幫忙打包。

嬸嬸是個聰明的商人，她一起算下來給了六八八八還是八八八八的價錢我已經忘了，也說了很多吉祥的話，寓意百年好合好兆頭一類的，我的這個女同學她也沒有議價，爽快的就付了錢。

送她到門口的時候，我小聲的問了一句，你們是怎麼認識的呢？

她笑了一下，說我小學畢業去打工了兩年，遇見了他，跟我是同鄉，覺得還不錯就決定回老家結婚了。

我當時趁著人群吵雜，再問了一句，那你喜歡他嗎？

那個時候我的價值觀裡還沒有「愛」這個字眼，我只是覺得在一起的兩個人，就應該是彼此喜歡才是可以的。

她沒有回答我這個問題，只是說了一句，達令，我跟你的命運不一樣，真的。

我送她離開店鋪，人群中她有那麼一瞬間的憂傷，她回頭跟我示意告別，一種說不上是好還是不好的感覺，她的嘴唇很薄，櫻桃小嘴一般，開始臉上有些跟我一樣，青春期出現的青春痘。

她很快平復了情緒，牽著身邊那個男人的手，然後大步往前走，淹沒在人潮中。

我發愣了很久，突然驚醒過來，然後跑去找我的嬸嬸，我說剛剛那個女生是我的同學，可是我忘了告訴你要給他們一個便宜一點的價格了。

嬸嬸說，他們這些外出工作的年輕人，回家結婚置辦嫁妝，就是想圖個好彩頭，他們不會計較這幾百塊錢的，要是你不願意把品質好的東西給他們，她會覺得你以為他們買不起，那樣傷了心情，讓客人不高興不是我們做生意的真諦。

我點點頭。

而後，我又加了一句，可是她跟我一樣的年紀啊！她怎麼這就可以嫁人了呢？

嬸嬸回答我，你所看到的，僅僅是你認為的人生路上的規劃行程，比如上國中讀高中，考大學出來工作，挑一個喜歡的對象先談戀愛，然後再結婚，但是你要知道，不是所有人都能走這條路的。

生活是有風險的，有些小孩是自己不喜歡上學了，有些小孩是家裡沒有條件被迫無法上學了，有些人是有得選的，有些人是沒得選的，但是大家都是順應著當前的狀況做出選擇，就像你現在知道你想考上大學，但是你從來不知道你會去哪個城市，然後又遇見什麼樣的人對不對？

我說，這樣的生活多恐怖啊！我不要，我不要那麼早就體驗社會的生活，我還想待在校園裡過比較單純的生活。

嬸嬸說，**生活是由不得你自由選擇的，你只能在僅有的條件下做出選擇**，比如你升學考試得先考出一個比較高的分數，然後才有資格選擇你比較喜歡的高中對不對？

這段對話就結束在這裡了，說完這番話的時候，嬸嬸又裁好了一件樣衣。

當時那個年紀的我，只能體會嬸嬸這番話的表面意義，我只是記得那個下午已經是趕集的尾聲了，店鋪門口街道上的行人依稀減少。

這時候，那個大媽回來了，嗯，就是之前徘徊在擺攤前面不願意離開，又覺得枕頭太貴不願意買的那個大媽，她大概是覺得之前不好意思，所以假裝是第一次來這裡，然後問，這個枕頭多少錢啊？

我嬸嬸笑臉迎了上去，說阿姨您也逛回來了啊，要不要先進來休息一會？

大媽被戳穿了，但是嬸嬸給了她一個很好的臺階下，於是她開始誇獎起來，說你們這裡真是熱情好客多了，我去了其他店鋪問起枕頭的價格，讓他們便宜一些，他們都對我愛理不理的，反正價錢都是一樣的，我就願意走回來到你這裡買，把生意給你做。

嬸嬸幫忙打包好兩個枕頭，然後送心滿意足的大媽離開了。

我問嬸嬸，你怎麼就能確定她一定會回來我們店裡買呢？

嬸嬸說，小地方的人都是比較斤斤計較的，一個枕頭一百五十塊錢，她開價要一百五十塊一對，這根本就是無理取鬧的討價，去到任何店裡都不會受到歡迎的，她就是要做出一番「我是買家，我可是有貨比三家的本事喔！」的自豪感，那你就迎合她的自豪感，讓她去其他店鋪貨比三家一下。

人都是這樣的，見到西瓜就丟了芝麻，但是永遠都以為前面會有更好的西瓜，所以對當前的狀態總是不滿意，這樣的人你就讓她去試就好，市場價格會讓她作出判斷的。

而且最重要的是，她一直賴在我們店門口不走，當時正是集市的熱鬧高峰期，這多影響我的生意啊！從大格局上來說，我願意放棄她這樣一個成交機會，先把她送走，這樣才能維持我店鋪的成交率。

嬸嬸說，**這就跟腫瘤一樣，你得果斷判斷是良性還是惡性，不要拖拉，即刻下決心拿掉，不值得為這點小收入影響大生意。**

當時我理解這番話的意義，也是止於表面上的體會，因為那個時候我的嬸嬸的確是在前幾年得了乳腺腫瘤，她醫治了兩年多的時間，後來才慢慢調理好，所以我以為她只是跟我闡述她的生活經歷而已。

十幾年過去了，嬸嬸的店鋪越做越大，也成了我們小鎮上富甲一方的人物，雖然算不上大富大貴，但是她一直是家裡的重心，我們周圍的一眾親戚只要有了生活難題，都會向她請教。

我回憶起那個寒假在嬸嬸店裡的那些日子，她說給我聽的那些看似無用的話，其實全都是人生哲理啊！

4

週末的時候家裡有大學同學來訪，這個男生也是一個創業者，於是我們自然聊起這個過程中的一些瑣碎事情，他說起自己初期建立團隊的時候，一個人找辦公室，辦理各種手續，上人力銀行網站發布徵才訊息，二十四小時都在打電話求人過來面試，所有的壓力重重襲來，有時候都開始懷疑這個奮鬥過程的意義是什麼。

如今他的創業團隊也有了一定的規模，各部門分工明細，有員工負責那些瑣碎的事情，所以他現在的主要任務就是從管理角度上去培訓員工，說白了就是要跟員工喊話，來維持他們積極向上的工作情緒。

聊起這一點的時候，他說自己現在的壓力相對而言沒有之前那麼大了，我開玩笑問了一句，那你現在身為老闆，洗腦員工的本領是不是特別厲害啊？你又是怎麼學來這些的呢？

他說，你還記得嗎？大學的時候我誤打誤撞進到了一個叫做安×的組織……

還沒等他說完，我就開始狂笑不止，話說這個神奇的組織，當年對於我們的魅力可真是大啊！

男同學說，他當時沒有放多少時間在校園社團上，而是進了這個組織，他是個窮學生，沒有錢買產品做代理，於是他就天天跟著那幫鬥志高昂的所謂「戰友」一起去聽課，看舞臺上的人激情四射，配合著〈我的未來不是夢〉的背景音樂，喊著「日進斗金不再是夢！」巴拉巴拉的口號，然後開始聽身邊的那些大人做自我介紹，講述成就偉大一生的宣言。

他告訴我，雖然那個時候我不知道聽這些東西有什麼用，我知道這個東西不大現實，但是我就想提前了解一些這個社會的多面化，可是就是在這個過程中，我漸漸摸索到了該怎麼把握一個重點去說服別人，怎麼言簡意賅的引起別人的注意，怎麼組織語言把一個道理推心置腹的讓對方接受，然後再來下一步的高潮迭起……

如今想來，到了這個學習任何知識都需要付出時間跟經驗累積的職場階段，培訓這件事情對他而言居然就變成了一件輕鬆至極的事情！他沒有多厲害的職場經驗，可是他就是很會打動人，這一點用在他跟自己員工的管理上，對他而言簡直是一件如虎添翼的事情。

5

就在我還在腦補男同學參加安×組織那些宣講會的搞笑時刻，他突然說了一句，你知道嘛！生命中所有的經歷都是有用的！這是我的真心感受！

說者無心，聽者有意。

就是這句話，讓我開始反思，生命中那些對我有用的經歷的相關回憶，倒推回小時候，我記憶最深刻的，就是那個不長不短的寒假，我幫嬸嬸打雜的那些日子。

我的嬸嬸很普通，可是她又很不普通，她算是在我的家鄉小鎮上活得很明白的人，她跟我的叔叔都是體制內的公務員，然而她覺得夫妻兩個人上班，雖然很體面，但總覺得自己沒有安全感，於是她不顧親人的反對，辭去了工作，開始去做學徒學習做衣服。

存了一點錢之後她開始自己開店，替別人訂做衣服，店面做大了就擴大其他的買賣，開始賣寢具用品，她知道小地方上的人不太懂品味這件事，所以物美價廉的貨物更能暢銷。

她知道自己只擅長做這一行生意，所以後來其他同行業的夥伴勸她一起改行去做餐飲等其他事情的時候，她果斷的拒絕了，她總是謙虛的說自己只是個小生意人。

患了腫瘤那幾年，她果斷把店關了，然後全心全力去治病休息，家人勸她把店面轉租出去，這樣可以有收入來源，可是她說萬一別人把她那個店鋪的名聲做爛了，這個是將來花多少錢都挽回不了的事情，所以她也果斷回絕了。

果然，後來她病好了重新開張，生意比以前更好了。

她也曾經有過婚姻問題，因為叔叔覺得生活過不下去太無聊了，想跟她離婚，結果發現房子車子一切都是嬸嬸的財產，更重要的是，連我叔叔的家人都站在嬸嬸這一邊。

沒辦法，離婚沒有成功。

幾年過去了，叔叔每次來我家做客，都會說嬸嬸是個好老婆，要是當年不小心失去了她，那是多後悔的一件事。

嬸嬸是個懂大道理的人，比如當年關於我那個早早出嫁的女同學，她告訴我人各有命，但是要學會在眼前所能擁有的條件下，盡可能的掌握人生的主動權；比如關於貨比三家的那個大媽，她告訴我很多人都是費了很大精力投入在一些小事情上面，她叮囑我精打細算過日子不是壞事，但是千萬不能斤斤計較而因小失大……

至於做生意的那些顧客心理揣摩，基本上就決定了我如今的交際價值觀。

比如放棄一些不確定的人際關係，重點經營一些大客戶人際關係。

比如對於態度不好的人沒有必要放在心上，因為他可能是因為你這個枕頭很貴不開心，而不是針對你這個人而不喜歡你。

比如生命中所有的人都是過客，能結交上一份友情就珍惜，如果沒有也不要耿耿於懷糾結自己有沒有錯過些什麼，因為你永遠不知道下一個西瓜會更大還是更小……

嗯，生命中所有的經歷都是有用的，一個遠房嬸嬸的普通生活邏輯，就足夠給我這些思考成長了。

對於那些後來成長歲月裡更多的經歷，尤其是遇上難題的時候，我雖然一樣有壓力，一樣會惶恐不安，但是我內心價值觀那根深蒂固的定海神針，就成為了我最後的承受支撐。

我開始明白，這些考驗的到來，總是會有原因的，即使當前此刻我得不到解答，但是一旦我開始把它當成是一場功課在修行，這種狀態即使對於改變困難的本身沒有任何好處，但是對於我內心的淬煉而言，絕對是神奇巨大的力量。

有很多人留言給我，說我們這些成長於小地方的孩子，沒有那些機會去見很大的世界，沒有辦法從小就修煉出一份平常的心態，我該怎麼讓自己獲得更多的內在力量？

我的回答是，從你眼前的格局裡，找到你覺得相對而言還不錯的成功者，然後學習他們身上可獲得的部分，當作滋養自己的雨露，等你的階段再高一點了，你遇見更大的世界，更有意思的人了，那你的雨露就更加有營養了。

此刻回頭去看，我覺得我的嬸嬸也算不上勵志榜樣了，但是不可否認的是，在我那個懵懂而幼小的青春歲月裡，在我那個甚至連價值觀都不知道是什麼概念的年紀裡，她就是我那個階段生命裡的大人物。

生活從來沒有變得更好，只不過是我們自己變得越來越從容罷了。

生活是由不得你自由選擇的，
你只能在僅有的條件下做出選擇。

所有的內向，都是聊錯了對象

聊天是很簡單，但是找一個我願意跟她聊天，她也願意跟我聊天的，太難，更何況是想找個半夜裡也願意聊天的人過日子，這就更難了。

上個月休年假，我去了上海一趟看望我的閨密W小姐，我在車站等著她來接我，心裡算了一下，我們大概有一年多沒見上面了，不一會她過來了，我第一時間撲上去擁抱她，然後大喊一句「死女人你的痘痘少了好多，皮膚好多了呢！」

我跟著她到了她住的小屋裡，然後開始打開行李，卸妝洗臉，換上舒服的衣服，往她的床上一躺，在接下來的這一個星期裡，我白天去上海的各種小巷子裡找有意思好玩的咖啡廳跟餐廳待著寫東西看書，晚上去東方明珠旁邊的辦公大樓接她下班。

假期完了我收拾行李回深圳，到家的時候收到W小姐的訊息，她說第一天去接你的時候，我在地鐵上有些糾結，不知道如何跟你開場，我們這麼久沒見面了，一定會有一些生疏，所以我真不知道怎麼開口跟你打招呼，誰知道你看見我第一眼就拿我臉上的痘痘尋開心，我也終於放鬆下來了。

W小姐應該是我生命裡遇見過的，內向程度僅次於我的女生了，看著她發過來的這條訊息，其實我沒有告訴她的是，我在等待她來接我的時候，腦海裡也出現過各種該如何開場的思考，但是後來我想著，這個女生應該比我更被動，所以我只能做那一個主動的人了。

但是扣除了這個W小姐，我就成了我身邊所有人眼中那個內向而被動的人，儘管現在為了社交、為了工作的需要，我會把自己外向活潑的那部分表現出來，而且隨著我自己越發的成熟，遇到事情不再像以前那麼慌張，所以我身邊朋友給我的評價就是很穩重。

但是我自己知道做到這一步對我而言是件多難的事情。

我從小到大是個內向的女孩，讀書的日子除了上學，假期時間我會在家裡待上兩個月也不出門，自己一個人看書當老師自言自語，做手工藝給布娃娃穿衣服扮家家酒，所以家裡的親戚從來不知道我們家有一個女兒存在。

小時候我的父母對我的教育方式，是有意見分歧的，我媽覺得我是個文靜的女孩很乖巧，她很滿意，而我爸總是在晚上跟我一起看電視的時候會旁敲側擊的問我，你在學校有沒有感情好的朋友呀？你明天要不要去你們同學家裡玩一下呀？或者叫他們來我們家也是可以的喔！我就在一旁靜靜看著電視，一言不發。

這種情況一直持續到高中，我依舊是那個安靜斯文，連上課也不愛舉手回答的小孩。

進入大學以後，我覺得自己到了一個新的世界，尤其是我的幾個室友，她們一個比一個能說會道，學期初軍訓課的時候教官需要挑選同學上去表演節目，她們幾個一股腦就上去了，這種往前衝的陣勢，一開始就意味著要持續未來四年的時間了。

我想過如果讓我評定大學裡最難割捨的回憶之一，大概就是這幾個室友了，可是儘管如今的回憶是美好的，但當年在一個宿舍生活四年的時候，我真的是又愛又恨這段時光。

2

我的信箱每天也會收到很多的留言，問我跟大學室友相處不合怎麼辦？我問所謂的不合是什麼意思，有人回答是因為作息時間不一樣，有人回答說在宿舍看書會被笑話，也有人回答說在一些興趣愛好上得不到認同於是很受傷。

我一一回覆這些留言，說我沒有辦法告訴你具體的實際解決方法，因為每個人的際遇都是不一樣的，但是我能告訴你的是，盡量在這個小型的團體裡學會適應跟改變，而且最重要的是，千萬不要有人身攻擊或者更加嚴重的衝突，人生太長，遇到的人太多，犯不著在這一場相對而言也算單純的歲月裡毀掉這份同學友情。

當然這一切感受也是我自己走過來了，走入職場遇到更多的人了，於是反推過去才覺得這段大學室友的關係如此美好而珍貴，因為在這狹窄的四張床四張桌椅的空間裡，我開始理解了人際關係經營的第一步。

在這四個人相處的磁場裡，我開始學會該如何拿不同的話題分別跟她們溝通，比如說目前正在攻讀博士的C同學，她是個從小到大家境都很優越的女生，加上父母以及爺爺奶奶輩都是知識分子，所以她的言行舉止會有很多中規中矩關於禮儀的部分，在跟她的對話裡，我會跟她探討關於讀書跟學業研究的部分，事實證明這條路是對的，她如今就往學術這條路上一步步深造去了。

另一個我認為的奇葩D小姐之所以奇葩，是因為她在大學的時候就開始接觸到了我當時還沒領悟，但是如今很羨慕的部分，她對很多小眾音樂跟電影有著很深的研究，遇到感興趣的片子她會通宵達旦的看也不覺得疲憊，有段時間她對哲學當中一些形而上學的東西非常感興趣，於是她就一節一節的去旁聽隔壁哲學系的專業課，她喜歡的東西也很特別，比如雞尾酒、小眾的樂隊、奇怪的漫畫、以及關於雙性戀的研究。

有段時間我一直覺得她是為了彰顯自己的與眾不同，所以故意去喜歡那些我看不懂的東西，但是後來我發現她對這些都有不同程度的研究時，我就確定她不是純粹的葉公好龍了，從那以後，我開始願意跟她探討一些關於人生意義的思考，也會把自己的一些疑惑拋出來問問她的想法，因為我覺得她能聽得懂我要表達的東西是什麼。

後來，當D小姐告訴我，她嫁給了一個研究海洋生物的博士時，我一點也不訝異，當她告訴我他們兩個是因為在校內上喜歡上了同一張很小眾的唱片，然後開始有了後面的故事，最後發展到結婚成為夫妻，我更是印證了我心裡的那個觀點，那些覺得遇不上對的人的男男女女，真的是因為還沒有找到那個願意讓自己變得外向的人。

記得有一次我看演員王志文的採訪，那個時候的他還是單身漢，主持人問他為什麼現在這個年紀了還沒有結婚，是因為沒有看得上的女生嗎，你的條件有多高啊？

王志文回答說，我想找個可以聊天的。

主持人這時候笑說，聊天很簡單啊，也不是件多難的事情。王志文回答說，**聊天是很簡單，但是找一個我願意跟她聊天，她也願意跟我聊天的，太難，更何況是想找個半夜裡也願意聊天的人過日子，這就更難了。**

當年看到這段對話的時候，我一直不知道這其中的含義是什麼，直到開始工作後，有一次我陪我的女生朋友去相親，遇到了一個還不錯的男生，後來兩個人也有過幾次約會，可是幾次下來，女生告訴我還是發展不下去了，我問具體原因，女生告訴我，我們出去散步逛街他都會陪同，吃飯的時候點餐盛飯倒茶也都彬彬有禮，可是就是沒有話題，我一開始以為是兩個人不是很熟，可是幾次下來依舊是這樣，我真的就受不了了。

女生朋友告訴我，在我的原則裡，我覺得雙方總是得有一個人相對而言比較主動的，我一開始給他機會讓他表現，他在行為處事上很不錯，但是真是沒有幾句話出口，於是我想著那我就主動一些好了，可是他的回答也總是慢半拍，**我知道感情需要耐心，但是我更知道，感情也需要感覺，這種感覺就是讓我願意說話聊天分享，並且有所回饋的節奏感，否則，這樣味同嚼蠟的相處對彼此都是一種負擔。**

我默默點頭，第二天幫女生朋友回覆了那個男生，大概說明了情況，果然，男生的回覆也是，我也一直覺得我們不大合適，雖然看起來各方面條件以及性格都還算可以，但是沒有話題也很痛苦，希望你能諒解。

這一次我算是真的諒解了，也是從那以後，我不敢輕易做紅娘撮合別人了，即使再有朋友請求牽線搭橋，我都會直接說，那你們先在通訊軟體上交流一番，社交網路這麼寬鬆的環境如果還不能讓你們擦出火花，那我也是無能為力了。

昨天夜裡，耳語的創始人蘋果姐姐問我，上週跟你見面聊天的時候，你告訴我你在我的文字裡有跟別人感覺不一樣的部分，你能告訴我這是什麼嗎？

我細細想了一下，我了解蘋果姐姐，是從她為矽谷創業家畫的畫像開始，然後進一步了解她的故事，她從高中就去美國留學，從普林斯頓大學畢業後進入華爾街成為金融分析師，完成了別人眼中學霸的轉型之路，然後她帶著團隊回中國創業，這大半年裡組織了五十多場分享會，成為很多人眼中的勵志榜樣跟偶像。

其實在我的心裡，蘋果姐姐也是我的榜樣，但是我對這種榜樣的理解，並不是只單純的拿她的人生軌跡來參考，我需要做的是吸取她更有創意的部分，比如說她會去尋訪很多的咖啡店，也會在社交網路上認識很多健康素食的朋友，以及她很強的執行力背後的思考邏輯，對我而言，這才是榜樣力量應該給予的真正有效作用。

我跟我身邊很多人介紹她的時候，都說她是一個愛笑愛美食愛分享，也很容易臉紅的女生，但身邊朋友的反應都是，她是學霸耶，她這麼厲害的一個人，怎麼可能會害羞呢？

但是回到我跟她那個下午的對話裡，我能感受到的是，她的確是一個內心很安靜的女生，這種安靜既有她與生俱來小時候性格內向的部分，也有她留學美國嘗盡孤獨，克服害怕過後的平淡部分，也更有她如今身為一個創業者，開始以整體格局去觀察事情的那種一覽眾山、寵辱不驚的部分，這些一點點的進階，在我的理解裡，就是內向性格最適合的表現。

昨天夜裡我讀蘋果姐姐的文章，其中有一段她講到自己從小因為膽小內向，母親為了鼓勵她於是送她去學畫畫，母親總是告訴她，畫畫是一種創造，是自己與這個世界最簡單的對話，它會讓你找回初心。

在我的記憶中，小學一年級時，因為是生活在小鎮上沒有大商場，我爸去街上找了一個木匠做了一塊黑板，幾塊木板拼接起來刷上黑色的油漆，再弄一個比我還高一些的架子支撐起來，然後搬回了家裡。

從那個時候開始，我每天下課放學回家，就會在黑板上自己寫各種亂七八糟的文字，嘴裡振振有詞跟自己對話，沒有任何觀眾，就是家裡當時養的一群狗跟一群貓在我腳下轉來轉去，然後看著我莫名其妙的自言自語。

✿耳語：知名匿名社交軟體 Whisper 的中國版。

回想起來，我開始喜歡上寫文章，蘋果姐姐喜歡上畫畫，我身邊的朋友很小就開始愛拆家裡的各種機器，在那個沒有網路遊戲沒有娛樂頻道的童年裡，很多種子就埋在我們的心裡，也埋在我們的命運裡了。

在我去跟蘋果姐姐見面之前，我的前助理Landy小姐傳了很長一段訊息給我，大概的意思是，她也很喜歡蘋果姐姐，可是如果有一天可以在現實生活中面對面交流的時候，你會不會覺得不知道該如何開場呢？Landy小姐說在此之前她想了無數個問題，想拜託我跟蘋果姐姐請教，可是真的到了這一刻，居然連一個提問也想不出來……

我沒有告訴Landy小姐的是，我在出發前往跟蘋果姐姐見面的路上，心裡也有些忐忑，因為這算是我正是單獨見面的第二個網友，之前去北京見到的第一個網友也是一位創業者，我也沒有想好開場白，但是當我來到蘋果姐姐家公司的時候，她第一句就是告訴我，我們公司負責伙食的阿姨做好了飯，我們上樓吃吧。

於是這一場對話就從這一頓飯開始了。

其實對於蘋果姐姐自己而言，每個人在她的分享她的文字裡讀到的感受都不一樣，任何外來人的解讀對她自己而言都沒有變化，只是對於我而言，我更願意接受或者喜歡安靜平和甚至有點害羞這一部分的她，其實這也是我自己內心世界的一種渴求，於是這兩種力量就在一起了，所以對話才會產生，好感才會形成。

4

我身邊有小孩跟我請教，說是該找工作還是考研究所，能不能給出一個具體的分析答案？也有女生跟我尋求安慰，希望我特別寫一篇關於三十歲還嫁不出去的女生的勵志故事。

這些我都一一拒絕了，**寫文章對我而言，不是為了解答他人的人生問題，而是為了梳理我自己的想法，如果這當中正好有可以被別人拿來適用參考的部分，那你就提取這一部分的一點點就好，至於你剩下的人生，我沒有必要也不會幫你完成。**

也是因為這樣，以前有很長一段時間，我給自己設立的交友原則就是話不投機半句多，但凡遇上感覺不對的朋友我是絕對不會再有第二次交集的機會，除非是工作商務上的需要，私底下我絕對不會再把自己置身於這種尷尬的局面中。

但是當我跟很多像蘋果姐姐一樣的人交流的時候，我發現，那些我一開始覺得磁場不對的人，可能很多時候有其他的因素，比如時間環境以及我們當時處的場合，尤其是現在的社交網路發達，很多人在網路世界裡的那個自己跟現實中的自己是不一樣的，所以我不再一味的拿單方面的判斷去定義這個人是否是對的朋友。

比如說當我高唱著「原諒我這一生放蕩不羈愛自由」，卻遇到一個喊著「別做作了，當個上班族挺好」的聊友，我不會馬上判斷他就是個現實無聊的人，因為高喊著自由的我，也只是我這一刻內心暫時的激情澎湃而已，我都沒有呈現其他部分真實的自己給他，又怎麼能期待他能回饋一個有幾分真實的自己給我呢？

以前聽過一些過來人的建議，大概就是要讓自己盡量多認識朋友，最好有一個規劃，比如一個星期要跟一個陌生人交流之類的，可是後來我發現這對我而言是一件痛苦的事情，於是我也告訴自己，**不要勉強逼自己去認識多少個所謂的人脈，因為我自己知道這不是我自己的問題，也不是別人的問題，而是我眼前的這個對象感覺對不對的問題**，否則再厲害的話嘮遇上一個大姨媽來訪而疼痛萬分的女生，也會被狠狠的瞪回去：「你給老娘安靜點！」

世間所有的內向，都是聊錯了對象，但願我們在人來人往中，能遇見那個願意跟自己開口，也讓自己願意開口的短暫聊伴。

互聯網背後的人們都很孤獨，但是我相信誠心至極，總能遇上一個願意跟你聊聊除了網路熱門話題以外人生大事的對象，因為我就是在這種連結力量裡遇見了一些可靠的人，然後我開始慢慢的在現實世界遇見這些人。

還好，我很幸運，他們真的是對的那一個對象。

不要勉強逼自己去認識多少個所謂的人脈，
因為我自己知道這不是我自己的問題，
也不是別人的問題，
而是我眼前的這個對象感覺對不對的問題。

多的是你不知道的事

我還來不及思考要不要恨這個世界，
我現在滿腦子想的都是，
這個月我得讓自己活下去。

1

有個男孩，父親是政府官員，母親是一家大企業的高級主管，十八歲那一年，這個男孩說要休學，不上高中不考大學了，要出去流浪看世界。

全家人無一不反對，母親苦口婆心勸了他好一陣子，跟他講未來的人生路，心酸無奈之後難免流淚，可是男孩還是鐵了心要去遠方。

父親說要跟男孩斷絕父子關係，男孩不做任何解釋，於是父親斷了他的經濟來源，母親夜裡哭過之後悄悄送他出門。

男孩開始走遍雲南貴州西藏新疆，然後再到東南亞，雖不至於風餐露宿，但也是住著青年旅館或者在路邊隨便搭個帳篷也這麼走過來了，三年後，他靠著存下來的錢買了一些器材，拍攝了一部紀錄片，然後拿下了當年業內很有分量的一個大獎。

大獎過後，男孩被很多人認識了，也得到了很多陌生人的幫助，有人提出要跟男孩合作，一起找贊助商拍一些紀錄片，男孩拒絕了，接著打包行李又開始行走在路上了。

這是我在大理旅行的時候，民宿老闆告訴我的故事，這一年這個男孩二十三歲，他已經行走了五年，他的這五年要比很多人的五十年還要精彩。

男孩來到這家民宿住宿的時候告訴老闆，他從小就開始對佛學一類的書很著迷，慧根太早無法入世，他只能出走於路上尋找答案，他不知道將來的路怎麼樣，但是對於當年的所謂任性抉擇，以及這五年經歷下來的艱難，他沒有過半點後悔。

2

火海是個男生，今年十七歲，已經工作三年多了。

他十四歲那年就輟學在家，因為父母離異自己叛逆，那兩年的日子過得很消沉，一直沒有用心工作和生活過，後來是爺爺去世了，春節的時候大伯去世了，這兩個對他最疼愛的長輩一一離他而去。

去年十月，火海的爸爸檢查出癌症，可是因為遠離家鄉到外地工作，火海對這件事情一直不知情，直到春節回家，看到爸爸虛弱無助的眼神的時候，他說，這一刻我知道，我家裡的超人不會飛了，我成了家裡的棟樑。

春節過後，火海義無反顧回到大城市，工作賺錢。

火海說，選擇回來不是因為這裡有多好，而是我要賺錢防備哪天我爸突然住院……

大城市裡奔波的火海沒有家，只有上班的地方和兩個知心朋友，公司是一對夫妻開的，除此之外，公司還有老闆的爸媽以及大哥大嫂，上班吃住都在一起。

「面對他們一家，就好像是小媳婦嫁到了不爭氣的對象家裡不被歡迎一樣。」火海幽怨的告訴我。

家族生意的各種勾心鬥角，今年也不知道是生意不景氣，還是人們的欲望總是越來越大，公司的事情也越來越複雜，火海被老闆的大哥大嫂說盡了壞話，而老闆當然是只相信他們家的親人而不會相信事實。

他告訴我，我也不知道我要怎麼形容我現在的處境，我是一個悲觀主義者，卻偏偏每天都笑個不停，來掩飾自己的痛苦和悲傷。

這是我樹洞郵箱裡收到的故事之一。

3

靜子跟J先生是在大學認識的，那個時候大家就只是朋友，J先生還沒有追求靜子，大學期間靜子沒有談戀愛，因為一直覺得是沒有遇到那個讓她想戀愛的人，等她開始實習的時候，忽然某一天J先生開始追求她了。

靜子誠惶誠恐，有點不知道怎麼應付的感覺。

這一年靜子班上的同學都出來實習了，大家各自奔波，真正在一起交流的機會很少，身邊的朋友都說，兩個人需要給彼此機會相處才知道合適不合適，於是靜子答應了做J先生的女朋友。

可是一週之後，靜子就提出分手了，因為沒有那種戀愛的甜蜜與欣喜，甚至是情緒作怪，覺得是不是自己以前太習慣一個人的節奏，以至於都不適合兩個人一起了。

J先生尊重靜子，所以同意分手了。

分手之後J先生說，我會努力的，早晚有一天你會是我的女人。

畢業在即，J先生去外地實習，那年十月靜子過生日，J先生故意打電話說沒有辦法陪靜子過生日了，請朋友帶禮物給她，結果是他給靜子的驚喜。

靜子說，他就那樣的出現在我的面前，但是那個時候的我，依舊堅持我們僅僅是朋友關係。

二〇一〇年年底，J先生結束實習，來到成都工作，而靜子當時還在自己讀書的城市。

二〇一一年七月，靜子辭職一個人來了成都，面對陌生的城市，害怕的感覺深入每一個無法入睡的夜裡，因為父母都反對自己辭職的事情，靜子在迷茫中也不知道該如何開始新的生活，於是她打電話給J先生，希望他能了解自己這種無法用言語描述的慌張狀態，可是J先生竟然半點安慰也沒有，只說自己忙著加班。

那一刻靜子心涼透徹骨髓，但是那樣的日子也真的是熬過來了，隨著找工作開始慢慢適應新生活，兩人也漸漸的沒了聯繫。

二〇一一年十月的一個夜晚，靜子忽然接到J先生的訊息，他生病了，已經住院有兩個月。

一八三公分高的大男孩，平時酷愛運動健身的人，怎麼說生病就生病了？寒暄之後，靜子叮囑他好好養病，身體才是最重要的。

第二天，靜子接到了一個陌生號碼，是J先生的嫂子，嫂子告知她J先生的情況，還說他們全家都認識她，嫂子懇求靜子，就算你跟他只是朋友，也希望你可以好好的鼓勵他。

嫂子還說，J先生一直不把靜子的電話號碼給她，是嫂子趁著他睡著，偷偷找到靜子的號碼聯繫上的。

這一刻，靜子覺得眼前這一切就是電影情節！

一個週末後，靜子去了J先生所住的醫院想去看他，之前嫂子說還會治療幾個月，於是靜子想給他個驚喜，可是去的那天，J先生的哥哥剛接他出院，已經在回老家的路上了。

兩人錯過了。

靜子一個人在這座陌生的城，提著一個果籃，不知道要到哪裡去……

這期間的聯繫，靜子都是電話裡跟J先生交流，靜子鼓勵他慢慢治療，放寬心，儘管每個人都知道那很難。

J先生的病情加重了，從起初的慢性腎炎，慢慢的就是慢性腎衰竭，再然後就是尿毒症，漸漸的，靜子的訊息他也不回應了，靜子心裡想著，我覺得他會看到我說的，這也就夠了。

某天夜裡很晚，靜子忽然收到J先生的訊息：以前覺得只要自己努力了就可以做到，包括自己曾經說過的話，想要兌現的諾言，可是現在卻心有餘而力不足了。

靜子還是像往常一樣鼓勵他，不希望他在此刻太過消極了。

這期間靜子發過很多訊息，都沒有得到J先生的回覆，靜子去J先生的社群帳號留言，依然沒有回覆，只是偶爾看他發的狀態，說說自己的目前的病況。

靜子說，我默默祝福，希望他可以好起來，只要靜靜的看著他每天都有更新狀態就好了，我也沒有再繼續發訊息或者是留言了。

二〇一三年八月，工作上忙碌了好長一段時間的靜子終於撐不住了，於是請假回老家休息，收拾行李的時候看到J先生送的東西，靜子突然想去查看一下他的狀態更新，結果只看到很多朋友們的留言：一路走好。

這一瞬間，靜子心裡所有這些積壓的情緒再也控制不住了。

靜子說，他走了，就那樣靜悄悄的走了，甚至都還沒有來得及讓我知道。

靜子整整哭了一晚上，不知道是在用淚水祭奠他，還是在為自己心底的遺憾而抓狂，靜子哭得歇斯底里：有的人明明還是那麼陽光的走著跳著的，怎麼說沒有就沒有了，甚至連此生的最後一次問候都不會再有了……

這也是我夜裡收到的樹洞郵件之一。

來信的最後一句，靜子寫到：達達令，我忽然想起你曾說的那句，其實我們畢生都在做一件事，防患於未然，而我們的人生又何嘗不是如此？

這一刻，在螢幕面前的我，一個人待在自己的房間裡，嚎啕大哭。

4

小傑出社會工作兩年，最近被主管升職了，開始負責團隊的商務拓展工作，他比以前更加拚命的工作付出。

為了能夠累積經驗提升自己，小傑把很多錢都用來投資自己，請客戶吃飯或者是自己報名上課，每個月的薪水也所剩無幾。

就在上個星期，小傑被釣魚網站騙去了三萬塊，那是他存了兩年才存下來的這麼點用來救急防身的錢，於是他報案了，可是警察局的人怎麼也不相信小傑是怎麼被騙走錢的，還一度懷疑是不是小傑無理取鬧，雙方僵持了很久。

那天半夜三點，小傑從警察局出來了，銀行戶頭裡就剩零頭兩百元，他一個人走在街頭，夏日的夜裡，此刻也竟是如此淒涼。

第二天早上，小傑發訊息給我，告訴了我這件事情，他說他不敢告訴家在農村的父母，怕他們承受不了這樣看起來不算大事，但是對他們而言也是很大數目的一筆錢。

我很慌張，於是趕緊回覆讓他想開一些，小傑說，最難熬的就是昨天夜裡，他一夜無眠，第二天早上告訴了公司主管這件事情，主管願意相信他，並且給了他一千塊錢救急。

我問小傑，那你會不會對這個世界絕望了呢？

小傑說，**我還來不及思考要不要恨這個世界，我現在滿腦子想的都是，這個月我得讓自己活下去。**

5

上週五插畫師白茶在北京開了一場簽售會，他是卡通網紅「吾皇」及「巴扎黑」的創作者，作品拿過很多獎項。

我看到有個影片是關於他的採訪，白茶說他最窮的時候，提款卡裡只剩五十塊錢也提不出來，身上唯一的幾十塊錢他買了一包菸，然後從那以後就戒菸了，他也不知道自己是怎麼走過來的。

我在旅行路上遇上的一個民宿老闆，生意失敗的時候欠了很多債，身上就剩五千塊錢現金的他，接到朋友的電話說要去一趟香港，他們像買白菜一樣拿了很多名牌包，因為那就是他們平常的消費習慣，但是這個民宿老闆不僅沒有躲開兄弟的邀請，反而盡心盡力陪他們玩了一天。

那個晚上，他一夜無眠。

上個月我有重要的家人生病了，是很嚴重的病，我一個人臨時買票奔波在回家的路上，半夜兩點的時候給一個長輩留言，大概說了一下我此刻的境況。

這個長輩說，這種事情習慣就好了，你的成長就意味著你的父母，你的家人正在逐漸老去，要適應這個事實。

然後他再補充一句，我的父親前幾年去世了，癌症，我在醫院陪他對抗病魔，奔波了八年。

這一瞬間我沒有回話，只是一開始慌亂的心開始平靜下來。

這個世界很多苦難，只是發生在你身邊人或者你自己身上的時候，這種痛會來得更猛烈，也更扎心，**經歷這些苦難過後，不是用來告訴別人我有多厲害，我走過來了，而是這個過程本身讓我們開始學會承受更多，也看開更多，在這個意志力的磨練中順便收穫了很多，這一切的一切，都不過是讓我們變得更像自己，僅此而已。**

我們之所以不相信別人身上發生的好事，那是因為我們以為自己此生不能有，所以也不希望別人好。

而我們之所以不能接受別人身上那些悲慘的經歷，是因為我們害怕遇見這樣的挫折，我們從來不願意承受這樣的事情放在自己的身上，可是仔細想想，身為當事人的他們，又怎麼會期盼這樣的不好發生？不過就是問題來了，扛著也要走過來罷了。

曾經有人留言給我說：知道你會講故事，可是你也不能編造呀！

如果可以的話，我可以想像出很多百轉千迴的故事，累積出一本本小說，但是我身邊的這些人，我不知道他們在講述這些故事給我聽的時候，有多少自己情緒渲染的部分，但是只要從他們口中說出來，那就勢必有存在的合理性。

我聽過很多很美很浪漫的愛情故事，也見過很多願意趁此生未老要去走天涯的怪物，也有很多為了一筆錢而整個家庭被壓垮的故事，這些驚心動魄的故事，不會因為我們日常瑣碎日子的存在就顯得奇怪，更不會因為我們明白了生活本身就是細水長流，於是就妄下結論，認為這個世界不應該存在如此傳奇般的人物跟故事。

我要說的是，不安分的人永遠有，即使不是你也會是別人，即使這個人曾經浪跡天涯而後回歸平淡，但是總會有人不停的走進這個浪跡天涯的局，經歷然後離開，也就是說，這種哪怕只是少數人的生活，也必定是一種常態，因為這世上總會有人願意前仆後繼投身進來不是嗎？

生活沒有誰比誰更容易，我們這一輩子的大部分時間，都用來跟別人抗爭了，我們希望擺脫別人的期待來活出真的自己，其實我們不知道的是，我們這輩子更是在跟自己抗爭，看看自己的忍耐極限在哪，在每一個難處的關口承受著痛苦之時，還得發揮理性那一面的思考，讓自己規劃好眼前這些難題如何解決。

就彷彿剛剛那個悲痛的人不是自己，而是一個旁人罷了。

這個故事有點負能量，我沒有辦法純粹灌輸別人美好的那一面，而忽視了生活不完美的本身。

可是另一方面，在我的意識裡，我覺得生活就如帶刺的玫瑰一般，儘管它很扎人也很無情，但是也抵擋不住我們想要獲得那一朵嬌嫩鮮豔，散發著陣陣香氣的花朵的欲望，或許這個部分，就是人性中一種叫做「嚮往」的東西，儘管這個詞很飄渺，但是卻有著神奇的力量，推動著我們依然熱愛初升的太陽，也依然期待明天還能看到這個世界的美。

不要輕易判定別人的故事，就如我們也不希望自己被別人妄加評論。這個世界裡，多的是你不知道的事。

經歷苦難過後，
不是用來告訴別人我有多厲害，我走過來了，
而是這個過程本身讓我們開始學會承受更多，
也看開更多，
在這個意志力的磨練中順便收穫了很多，
這一切的一切，
都不過是讓我們變得更像自己，僅此而已。

上帝要條小黑裙

我從來不會因為在這件事情的投入上而有所慚愧，
就像很多人喜歡買鞋，有人喜歡買包，
有人注重美食，還有人存錢下來遊玩，
這些都是每個人為了自己認為重要的事項
而心甘情願的買單，僅此而已。

1

我的第一條小黑裙，是大學時候寫新聞的稿費換來的。上大學以前沒見過外面的世界，加上我是個胖子，所以一直羞於談論打扮這件事情。

大一那一個秋天，一系列軍訓課程下來，我覺得自己瘦了好些，可是好景不長，宿舍的幾個姐妹帶我吃遍了學校小吃街的美食，便宜又大份量。

那一年，我腫成了一個大胖子，素顏出門上課，隔壁宿舍有個女生據說從高中就開始用雅詩蘭黛跟蘭蔻了，可是那個時候的我卻聽不懂她們在談論什麼。

說回我的小黑裙，那一年我對打扮這件事情沒有半點在意，就更別說時尚這個詞彙了，我當然也不懂有關於奧黛麗・赫本當年的那個小黑裙典故。

那天下午我跟隔壁宿舍的圓子小姐去學校門口的服飾小店逛，大一這一年，我的衣櫃裡都是一些慘不忍睹的衣服，格子上衣，白襯衫，蕾絲裙，還有吊帶褲跟一堆莫名其妙色系的休閒褲，這些聽起來很美的衣服風格名詞，套在我身上就如同舞臺上那個專門負責搞笑的丑角，怎麼都覺得彆扭。

我跟圓子走到很深一條小巷子，週一的下午沒有課，街道上也沒有那麼擁擠，老闆娘在上網，小店裡放著孫燕姿的歌。

看到我們進來，老闆娘習慣性的說，你們隨便看，有喜歡的都可以試的。

圓子小姐熟練的挑起了她喜歡的風格，就是韓劇裡那種粉嫩系列，偶爾也有一些酷酷的風格，然後她去試衣服去了。

我在一邊坐下了，沒有想挑的心情。

一是大一這一年來我的購衣經驗都讓我覺得對不起我自己，我已經沒有要買衣服的欲望了；二是我也很想換一種風格，或者說是想摸索出自己喜歡的風格出來，但是我很無力，因為我根本不知道怎麼下手。

老闆娘這時候走過來，問我你沒有喜歡的衣服嗎？

我有些害羞，說也不知道挑什麼。

老闆娘在一排排衣服裡，不停的一件件抽出來，比在我身上，然後問，這件喜歡嗎？還有這件，那這一件呢？

我終究沒有任何高興的感覺，因為她拿出來的每一件我都能在自己現有的衣服裡找到同款，大約過了十多分鐘之後，她抽出了一條裙子，黑色的。

我看了一眼，習慣性的反應說，這麼素，看起來太簡單了吧？

老闆娘看我這一次沒有之前那麼抗拒的感覺，於是慫恿我，你就試一試吧，又不是一定要你買對吧？

我很不情願的走進試衣間，換上小黑裙，這其實就是一條加長版的黑色T恤罷了，沒有任何的裝飾，但是好在布料不錯，摸起來很舒服。

我很忐忑的走出試衣間，站到鏡子面前。

很多年過去了，我依然記得那天下午，那一瞬間我的感覺，我看著鏡子裡的自己，整整比現在的我瘦了有五公斤！

除了那一張依然很素顏的臉，脖子以下的我，第一次感覺到了自己是有身材這件事情，即使那個時候還是個胖子，但是相較於前一分鐘的我，我突然有種做了整型手術的竊喜……

這個時候圓子從試衣間出來了，看見我身上穿的這一條裙子，第一反應就是，啊呀！你怎麼挑這麼成熟的衣服呀？太像阿姨了吧！

我前一秒剛建立起來的那麼一點驚喜，瞬間就如同癟了的氣球一般，完了，我覺得自己又一次選錯了。

這時候老闆娘出聲了，說實話我覺得挺好的啊，每個人的風格不一樣，得看你自己的感覺，小黑裙並不是大人的專利，再說你們也算是成年人了，況且不是所有的女大學生都必須是可愛系或者森女系的不是嗎？

一聽下來，我感覺還蠻有道理，可是我還是有些猶豫。

這時候老闆娘不知從哪裡掏出來一條皮帶，往我身上一搭，也是這一刻，我覺得什麼都對了！

就是這麼一條不起眼的棕色皮帶，讓我感覺自己這一身簡單的風格，此時此刻竟能讓我如此舒適。

於是那天下午我把剛到手的稿費，換了這一條小黑裙。

回到宿舍，過清水晾曬，第二天我就迫不及待的穿上新裙子去上課了。

那一天心情很好，身邊有同學碎碎念，說你不覺得這個顏色太沉了嗎？這樣看起來太成熟了……還有同學說，小令你看起來很像老師耶……可是在我的心裡，我有種說不出來的喜悅，也是很多年以後我才想起一個詞語，叫做適合。

這種適合，不是純粹的漂亮，而是它掩蓋了我身材的缺點，把我本來就很白的膚色襯得發亮，還有就是我再也不需要像其他的女同學那樣，背著小背包滿心歡喜的樣子，我不是個喜歡熱鬧的人，這一身簡單素色的小黑裙，恰好讓我保持淡定跟微笑的狀態就好。

轉眼到了大二，我開始慢慢的瘦下來，雖然比不上身邊那些竹竿身材的女生，但是至少我自己感覺自己沒那麼膨脹了，從那時候開始到後來畢業的三年，我入手了差不多二十條小黑裙，而且真的是除了布料就不再有任何配飾的小黑裙，只不過是款式不一樣，寬鬆版，貼身型，中袖或者蝴蝶袖，還有無袖等等。

我還買了好幾條皮帶回來，每天換著搭配。

2

大學的這些年裡，我總覺得自己跟身邊的女同學格格不入，我沒有辦法喜歡她們喜歡的東西，比如粉紅系列的蕾絲裙，比如說花花綠綠的夏天大長裙，還有各種鉚釘皮質跟大頭漫畫的嘻哈裝，這種格格不入讓我有些抑鬱，我想跟別人盡量同類型一些，可是我也知道那樣的衣服我穿起來就是噩夢。

也就是說，這三年的大學時光裡，小黑裙對我而言最折衷最合適，也是我沒得選的選擇。

畢業了，大家都在跳蚤市場賣東西，我把大一那一年買回來的衣服全部賣了出去，二三十元外加搭配個羽毛球拍，送給小學妹們。

剩下的那一堆黑壓壓的東西，小黑裙，黑色西裝，黑色呢子外套，我一一打包，整整兩大袋，五百多的運費全部寄到了深圳。

工作第一年，有同事建議我去東門逛街買衣服，說那裡的衣服便宜也好看，還能狠狠的殺價。

我挑了個週末過去了，人山人海，批發市場的節奏，我挑了兩件T恤，新的一週上班，發現兩件衣服都和公司的同事撞衫了，重點是她們比我瘦比我美比我好看很多倍，我心裡暗暗慶幸自己還沒穿出來，於是這兩件新衣服就壓在箱底至今了。

從那以後的幾年，我再也不敢去東門。

剛開始工作本來就沒多少錢，第一年我幾乎沒有買過任何衣服，我翻出大學裡買的那些小黑裙，輪番穿著上班下班，竟然第一次覺得喜歡極了這種職場模樣。

工作第二年，我開始有了一些閒錢，於是開始去百貨公司買衣服，遇到節慶通常都有五折的折扣，遇上了耶誕節或者是店慶，那就更能買到很多寶貝了，而且這些年下來，我幾乎都能在不經意間，就能遇見那條彷彿就是在等待著我的小黑裙，然後眼睛眨都不眨一下就拿下來。

我的閨密說，你不能總是黑壓壓的一片，好歹也得嘗試一下別的風格吧？

於是我開始新一輪的實驗，並且判斷自己適合條紋衫，以及深灰、藏藍以及深綠三種顏色，但是毫無疑問的，也全都是和小黑裙一般的剪裁，只不過變成了小灰裙，小藍裙以及小綠裙而已。

去香港的時候，總能遇上打扮很潮的路人，有時候看到前面一個亮色系搭配的女孩，我也會衝動的走進那個牌子的門市，挑一樣的顏色跟款式，然後看著鏡子中的自己，其實還不錯。

接著我又換上同一款式的黑色，發現還是黑色最配我！

我繼續挑衣服，尋尋覓覓，假裝不小心抽出一條小黑裙，小鹿亂撞一般的驚喜，趕緊去試衣間換上，接著在鏡子前面晃呀晃，轉呀轉，有時候竟會不小心哼出歌來……

然後我把前面那一堆試過的衣服拿出去，說這些統統不要，然後拿起那條唯一的小黑裙，如願一般興奮的奔向收銀台。

週末跟同事死黨聚餐，YOYO小姐每次見面的第一句話就是，你說，今天身上這一條裙子又是穿了幾年的了？

我笑著說，能有多久？最多也就五六年。

這個時候 YOYO 小姐總會白我一眼，你真的是個奇葩的老古董。

是的，我的衣櫃裡，至今有了快五十條小黑裙，時間最久的就是大二那一年入手的，至今也就七年的時間，這些黑壓壓的布料裡，沒有一條是相同的，都是一些很不起眼的細節上的區別，可是這些低調的細節，就是我願意一件件把它們帶回家的原因。

這些年的時光裡，我早就練就了自己的治裝風格，每次都是去到我喜歡的牌子那裡，把所有的衣服看一輪下來，然後挑出小灰裙小藍裙小綠裙跟小黑裙，同一個尺碼全部試過一輪，旁邊熱心的店員會不停的誇獎你，這件好看，那一件也好看，同行的朋友也會說，這個還行，可是就是覺得單調了點……

我帶著微笑的表情向她們點頭回應，然後就當什麼都沒聽見那樣，拿起我要的那條小黑裙，直接買單走人。

有女生問過我，你是怎麼確定你自己的穿衣風格的呢？

我說第一拿錢買教訓，買一堆血與淚的教訓，買一堆無用的慘不忍睹的衣物回來，然後發現自己只能穿一次甚至一次都沒穿過，月底沒錢吃飯的時候狠狠抽自己一巴掌：叫你亂買叫你亂買！

這種一通亂氣的無厘頭章法，讓你嘗試遍各種浪費錢的風格，最終一定會找到自己合適的那一型。

第二就是要堅持，**無論你穿什麼樣的衣服，都會有人評價好看與不好看，但是你要知道這種風格是最適合你自己的最優方案**，你要做的就是矢志不渝的相信自己，同時保持自己的身材，這樣時間長了，這件衣服，這種風格自然而然就變成你的了。

想要例子的話，看維多利亞幾十年如同一日的黑白灰色調跟硬挺剪裁系列，你就能明白為什麼她創立的服裝品牌一開始不被人看好，後來竟然變成了炙手可熱的時尚單品了。

當然，我的這些小黑裙其實也有好些是不適合上班穿的，有好幾條因為太緊身很少穿，有幾條因為料子太好不捨得乾洗也很少穿，但是大部分都是適合職場的百搭系列。

在這些沒有穿過的小黑裙中，每一條我都定義過一個標籤：這一條是結婚前的單身PARTY要穿的，這一條是等我自己買車了第一天上路要穿的，這一條是我開分享會的時候要穿的，這一條是要等到三十歲生日那天穿的……

它們像一件件寶貝，被我整整齊齊的掛在衣櫃的其中一欄，每次無聊的時候打開衣櫃，環視一周，感慨著竟然每一件都代表著我人生的某一個重要時刻，就好像我的靈魂都有一一分散在它們身上，它們沒有表情，沒有動作，卻能在每一個我心情不是很好的時候，靜靜的陪我待著，像一個舊友一般，無需說話，停留在那裡就足矣。

我從來不會因為在這件事情的投入上而有所慚愧，就像很多人喜歡買鞋，有人喜歡買包，有人注重美食，還有人存錢下來旅遊，這些都是每個人為了自己認為重要的事項而心甘情願的買單，僅此而已。

閨密L小姐替我訂了一堆一整年的時尚雜誌，每一期的搭配專題都很好看，我很敬佩這些時尚編輯的用心跟對於時尚尺度的把握。

也是在這些對於搭配的浸淫中，我開始慢慢了解小黑裙的意義：無論何時何地，

要是你不知道該穿什麼，小黑裙是絕對不會出錯的選擇；如果說時尚界最具奇幻魅力的三個字是什麼，答案可能就是「小黑裙」。

時尚人士們從不掩飾對於小黑裙的偏愛與迷戀，溫莎公爵夫人也說過，「小黑裙若是穿對了，任何衣服都無法替代它」；而享負盛名的古董時裝收藏家 Didier Ludot 更是在他的《The Little Black Dress》中寫到，「沒有小黑裙的女人就沒有未來。」

我也開始知道，在小黑裙背後，還有別人對於它的不同定義，比如說性感，比如說桀驁不馴，比如說御姐風，就連美劇裡的女主角也演繹著一襲緊身露肩黑色「復仇裙」的風格。

我從一開始的穿小黑裙，是為了讓自己看起來不那麼胖的不得已而為之，慢慢變成真正喜歡上這種風格，整整花了七年的時間，如今它已經變成了我性格的一部分，簡單低調，冷靜平穩，但是並不代表懦弱，更不是輕易將就跟妥協。

至於雜誌裡推薦的其他亮色型，馬卡龍色彩型或者是酷炫風格，我從來沒有想過要把任何一種放到自己身上，因為我用這些年浪費過的金錢教訓，已經知道自己是怎樣的人，而我又適合什麼樣的風格。

說得好聽就是堅持自我，說得不好聽，那就真的是固執到底了。

可是那又怎樣呢？我用自己的錢換來自己的一份高興，換來我的一份舒心，更換來一份我覺得適合自己意義上的得體，沒有比這個更底氣十足的理所當然了。

當然有時候為了不給大家造成干擾，以為我每天都是一樣的衣服，所以我會適當的變換著其他的風格來間隔開來，可是即使這樣，我的那些同事每次開玩笑的時候都會拿我尋開心，這世界怎麼會有你這樣的人，一條裙子穿這麼多年，你這是存下多少錢了啊……

其實他們不知道的是，我根本沒存下多少錢，我的衣服即使買的數量都不多，但是單件的價格也不低，這麼算下來，我絕對也是我這個收入水準裡的購物狂了。

4

去年我開始試著健身跑步，體重沒有降下去，只是感覺比之前的自己身體緊實了一些，跟閨密L小姐去買衣服的時候，她建議說以前你總覺得自己胖，所以總是穿黑色系的，現在瘦下來了你總該嘗試一下別的顏色了吧？

於是我挑了一堆花花綠綠的衣服，想著深圳的夏天一年裡會持續這麼多個月，腦子裡就叮囑自己挑一些很夏天很夏天的顏色。然後我一一試下來，嗯，還好，還好，都是還好。

接著我又出去尋覓，又發現一條小黑裙，我在心裡告訴自己，你不要一直這樣，你要接受一些新的顏色，只要好好搭配效果都會很不錯呢，而且你的小黑裙已經夠多了不是嗎……

我像唐僧一樣，心裡念念著給自己洗腦。

終於，我在前面挑出的那些亮色系中，挑了兩條玫紅色跟天藍碎花的長裙，然後到收銀處排隊結帳，那是我第一次覺得有些不安，前面的人結帳完畢一個，我的心裡就咯噔一下，那是我第一次期待著結帳的隊伍能夠慢一些。

我把碎花裙放在身上比著，安慰自己這兩件其實都不錯，然後我開始開啟自問自答模式：這裙子要配什麼鞋子呢？

波西米亞風格，或者編織條紋的涼鞋跟拖鞋都可以呀！

可是我沒有那樣的鞋子，如果要另外買的話又得花一筆錢了，而且拖鞋也不大適合上班的風格啊……

眼看前面那個人就要結帳完，下一個就是我了，我的心就像是颱風來的前一陣，忐忑焦急陣陣不安，我閉上眼睛洗腦自己，沒關係，這兩件碎花也是可以穿很久的，除了上班平時出去遊玩也能穿對不對……

不幸的是，突然我的思維瞬間一跳：可是剛剛試的那條小黑裙也很好看啊，家裡雖然已經有很多了，可是這一條的鏤空暗紋設計真的很特別……

這時候看見收銀員招手，輪到我付錢了。

我一步，兩步，三步，緩慢的走過去，假裝左右檢查一下衣服的品質，然後看看價格吊牌，再檢查一下衣服的品質，這時候收銀員說，就這兩條對嗎？

嗯。

一共×××元。

我掏出信用卡，準備遞給收銀員。

可是就在那一瞬間，我馬上搶過衣服，說了一句，算了我不要了，我這就放回去。像是一個信用卡額度不夠的小丑，拿著衣服狼狽離開，滿臉羞愧。

接著我一個箭步衝到剛剛小黑裙那一排架子，拿出剛剛試過的那一條小黑裙，確認了S號，再衝到收銀台，說我剛拿錯了，我要的是這一條。

遠處的L小姐看到這一幕，飛奔過來朝我大吼，你個女神經！說好的換一下風格會死啊！你的櫃子已經裝不下這一條黑裙子了好不好？你可不可以不要那麼死板那麼執著啊！

她繼續向我進攻，我倒要看看，你這次還能找出什麼藉口？

我不知道怎麼回答她，於是趕緊把錢給付了，然後拎著袋子準備離開。

就在這一瞬間，突然不知道哪來的靈感，我脫口而出了一句：「這不是我的錯，是上帝，是上帝它說要一條小黑裙！」

這一刻，看著L小姐一臉要石化的表情，我終於忍不住瘋狂的笑出聲來。

我用自己的錢換來自己的一份高興，
換來我的一份舒心，
更換來一份我覺得適合自己意義上的得體，
沒有比這個更底氣十足的理所當然了。

沒有搏殺過的溫柔
就是天眞

或者說，是她自己不想再擁有這一切，
她選擇失去這一切。

春英這個名字是她媽媽取的，她媽媽沒讀過書，春英出生的時候正是早春，她家泥瓦屋前的蒲公英開得正盛，大風吹過來總是弄得竹竿上晾曬的衣服一堆毛茸茸。

她媽看著飛蕩在空中的滿天蒲公英花瓣，對孩子他爸說，這孩子就叫春英吧，春天開出的花也算是吉利詞。

春英他爸剛從地裡插秧回來，沒有出聲，就當是同意了。

春英上學上得晚，國中畢業那一年她已經十七歲了，家裡兩個弟弟也要小學畢業升國中了，春英知道家裡沒有錢給她交學費了，可是她還想繼續上學。

於是她去找大伯，說了自己想上學的事，然後拜託大伯去說服其他的幾個叔叔，一人湊一點幫她交學費，以後一定會慢慢還上的。

結果春英她爸知道了，直接從耕地的田裡回來，把春英從大伯家拖回家，直接給她一個耳光：你還敢去借錢，你當這是撿樹葉啊？這麼簡單一人湊一點就能湊齊了啊？你借得了第一年，那第二年呢？高中完了那不還有大學要上，是這個意思嗎？

春英她媽不敢出聲，在旁邊坐了一會，就躲到廚房做飯去了。

晚上春英她媽過來找春英，說大伯他們一家雖然是做生意的，但是根本不會借錢給你的，他自己那三個不省心的兒子已經夠讓他頭疼了，這幾個村裡沒有人願意嫁給他們家的兒子當媳婦，你大伯必須要存錢建個大房子，把家裡弄得風風光光，才有人看得上他們家兒子。

至於你幾個叔叔，他們已經自身難保了，窮的窮，病的病，有時候買米都得上你爺爺家討，你說他們哪裡還有錢給你上學用？

春英不說話，她媽繼續嘮叨著。

而且你也知道，你兩個弟弟還小，他們還要繼續上學，如果這一次你跟親戚們借錢把人情用光了，那兩個弟弟怎麼辦呢？我知道我跟你爸沒出息，不能給你想要的生活，可是我們真的已經盡力了……

那一夜春英沒睡，流了一枕頭的眼淚。

一個星期後，春英跟著隔壁大表姐，到外地的工廠去上班了。

工廠是一家成衣廠，春英的工作是把上一條流水線出來的衣服縫上紐扣，每天如此。

員工餐廳的飯雖然沒有多豐盛，但是也算是有肉有菜了，春英正是發育的時候，每頓飯吃得再多都不滿足，工廠附近有小吃店，可是實在是貴。

春英打電話給她媽媽，提起了這件事。

一個星期後，春英收到了一個包裹，是她媽媽拜託大巴的司機帶來的，春英打開一看，一大袋的紅薯乾，春英想起這個時候正是家裡紅薯收穫的季節。

可能是春英她媽做得太趕了，紅薯煮熟之後沒有剝皮，直接切成片就曬乾了，紅薯乾一圈都是皺巴巴的紅薯皮，毛茸茸的，吞下去喉嚨也覺得有點噎。

春英管不著了，直接拿起吃了十幾片，終於覺得有點滿足感了。

後來每天下班的日子，春英都會早早的洗澡上床休息，宿舍的其他女生聽著收音機的兩性節目，時而大笑時而害羞，春英一個人躲在角落裡，悄悄的，啃著一片片紅薯乾。

三年後，主管準備自己出去開工廠，做外貿服裝生意，想把春英帶過去，同時也找了其他幾個女工。

她有些害怕，不知道可不可靠，於是詢問了宿舍的幾個大姐，大姐們說，我們在這一家工廠做了很多年，工廠效益一直不錯也算穩定，還是不要隨便改變了，會有風險。

春英夜裡想了一會，覺得自己家裡沒有多大的負擔，每個月定期寄錢給家裡，自己這些年也不會出去亂消費，存了一些錢。

不然去試試？她在心裡問自己。我先把私房錢用來這幾個月給家裡補貼，要是新的工廠效益實在不好，那再回來好了？

2

春英去找主管，說願意跟他一起出去。

主管承諾替她加薪百分之五十，可是新工廠剛建起來，設備都還沒有弄好，加上裝修採購跟安裝工具，她做的事比以前還多。

新工廠的第一單是跟一家韓國公司簽訂的合約，因為數量比較大，所以才堅定了主管自己出來創業的信心，結果不順的是，合約出了問題，韓國公司方面說對比了其他的工廠條件，還想再考慮一下。

主管急了，自己剛當上廠長，結果第一單生意就要搞砸，為了工廠設備安裝已經把錢都花光了，要是這一筆試生意沒談成，那下個月薪資根本就發不出來了。

春英那天下午要送樣板給韓國公司，但是主管沒有交代春英合作有些動搖的事。她拿著一堆樣板衣服就過去了，擠公車的時候為了不把衣服弄皺，春英就這麼拎著十幾件衣服的架子，站了一路。

走在往韓國公司的路上，天公不作美，突然電閃雷鳴，春英慌了，樣板衣要是濕了那就連版型都沒有了，春英脫下腳上的高跟鞋，狂奔往公司跑去。

到了公司時，狼狽至極，還好趕在大雨下來之前了，前臺的小女生十分訝異。

春英笑著說，要下雨了，怕把這些衣服淋著了，就從公車站那衝過來了。

前臺女生說，可你這速度也太嚇人了吧？

春英開懷大笑，在老家夏天的時候曬稻穀，經常遇到暴雨來臨，然後全家出動飛速收稻穀，跑著跑著就練出來了。

韓國公司負責人在開會，於是春英一直坐在會議室外面等著。

陸陸續續有人下班了，眼看著會議室的人要走光了，春英趕緊詢問，結果發現負責人今天沒有過來，春英等了一下午，早已經眼冒金星。

春英剛想離開，聽見會議室有人討論說，晚上還要開一個會，負責人會過來。前臺女生叫春英先去吃飯，可是她不敢走，因為她不知道負責人什麼時候會來。

春英一直坐著，晚上九點的時候，負責人終於來了，春英歡喜的跑上前去自我介紹，結果負責人說，我只是正好過來拿東西的，今天沒有人要開會啊。

春英再一次覺得被騙了，她已經餓得老眼昏花，可是一想到空手而歸，那下個月發不出薪資的話，自己也跟著沒飯吃了。

於是春英鼓起勇氣攔下了負責人，拜託負責人給她一點時間，讓她把樣板衣展示一遍。

春英一件件把衣服攤開，然後向負責人解說衣服上的一些細節，因為她在以前的那一家工廠裡，也有很多這樣的樣板衣，但是她知道其中的幾道工序都是以前那家工廠沒有的，而現在她這一家工廠願意投入這部分的成本去完善一些細節。

做完這一切的時候，已經快午夜十二點了，春英收拾好衣服，走出辦公室的時候，已經是滿天星星的夜空，這也是她第一次在這座城市裡這麼安靜的看著天空，以前上班的日子每天累得半死，回到宿舍就直接洗漱睡覺了，根本就沒有看過大城市的夜空。

遠處還有一些辦公大樓燈火通明，忙忙碌碌的人影，穿著筆挺的職業套裝，好像在會議室裡討論些什麼。

春英想著，要是我將來也能到這樣的地方上班，那該有多好！

那一天晚上，是她長大以來第一次搭計程車。回工廠宿舍的路上，她坐在後座椅上，迎著窗外的夜風，第一次感覺到這個城市裡的開闊，沒有家裡的蟲鳴蛙叫，卻是另外一番的車水馬龍。

第二天上班，廠長，就是以前的主管告訴春英，第一單生意談成了，韓國公司那邊答應合作了，而且金額跟以前一樣保持不變。

廠長很高興，開始讓她負責跟大客戶的一些談判溝通工作。

或許是初生牛犢不怕虎，也是年輕氣盛，她從之前小心翼翼的求人合作，慢慢轉變為盛氣凌人。每次要跟客戶談判，她都會踩著十公分的恨天高，帶著幾個小弟在後面，一副黑社會的大場面。她把這一年的合作客戶都放到檯面上震懾對方，告訴眼前這個客戶需要提前支付幾成訂金，而且需要付款了才開始下單生產。

春英告訴廠長，因為工廠的生產力是有限的，所以我們要開始挑客戶了，盡量挑那些有口碑守信用的客戶，盡量達成長期合作，另外盡量每一年都提高價錢，這樣在生產力固定的前提下才能提高工廠效益。

廠長越來越信任春英了。

有一次，春英去談判，客戶中有女生問了一句，你身上這一件衣服也是你們工廠生產的嗎？春英說不是。

那一次回去後，春英開始每次都會從樣板衣裡挑出合適自己的衣服，然後穿上去見客戶，果然這一招很有效，比起冷冰冰的樣板衣掛在那裡，她穿在身上就顯得靈活生動多了。

春英覺得自己太胖了，樣板衣穿起來要是能更好看就好了。可是她太忙了，別說休息了，連正常吃個飯的時間都是難得，加上每次工作量大的時候春英就會暴飲暴食，所以身材一直都比較臃腫。

她買了一大堆減肥藥，開始一樣樣的試吃。一開始幾天拉肚子拉得厲害，而且每天渴得要命，連吃飯都沒什麼胃口。但減肥藥還是有效的，她慢慢瘦下來了。

轉眼五年過去了，家裡兩個弟弟都讀大學了，春英她媽開始操心女兒的婚事了，電話裡她媽說，要不然你回家裡來吧，給你介紹合適的對象。

春英說，我不想回去，我想在大城市留下來。

春英她媽電話裡一陣訝異，你一個打工妹也想留在城裡，誰會娶你呢？

春英這個時候從來不會辯駁。

3

春英終於交了一個男朋友，天陽是個大學畢業的上班族，經濟條件不錯，也是個喜歡浪漫的文青，每個月會帶她去附近的城市遊玩。

春英很苦惱，我每天工作都很累，也很少有時間出去玩，雖然老闆現在很信任我，可是我還是要像其他員工一樣早出晚歸不是嗎？

天陽邊吃飯邊說了一句，那要不然你自己當老闆好了？

說者無意，聽者有心。

一個月後，春英去找老闆，說自己想出去開服飾店，依舊跟工廠下單拿貨，只是需要老闆借一筆錢給他。

老闆答應了，錢到手的時候，春英跟老闆說了一句，你知道嗎？這是我人生中第二次向別人借錢，也是唯一成功的一次。

春英把服飾店開在一家大學附近，因為跟大學裡的小女生年紀差不多，加上嘴甜，她的店吸引了一大堆女生前來。

春英每個月回去批貨一次，每次也都會找原來的老闆喝茶聊天，有時候看到一些影視劇的明星同款，也會第一時間告知老闆，讓他馬上出樣板開始加工，而老闆給她的批發價基本上也是最低的極限了。

工作繼續忙碌著，春英還是會暴飲暴食，沒辦法，她只能繼續吃減肥藥來維持身材。

天陽很擔心，要她不要再吃了。

春英說沒辦法，我得自己穿上店裡的衣服，穿起來好看了，顧客才會喜歡到我這裡來買東西。

天陽沒有辦法，也就不再勸說。

服裝店的回頭客越來越多了，春英把向老闆借的錢還清了。

有一天春英正在店裡整理一批新進來的衣服，突然覺得肚子開始抽搐，然後越來越疼，就在最後感覺自己要昏過去的時候，她撥通了電話叫救護車。

她流產了。

這幾個月生理期沒有來，她卻完全沒有意識到這一點。

天陽趕過來了，本來想安慰春英，醫生過來說，你吃減肥藥太多了，身體已經被搞壞了，而且你以後也不一定能生孩子了。

那一刻，晴天霹靂，春英還沒來得及反應過來，男友把拿來的瘦肉粥直接就嘩啦扔到了地上。

天陽走了，留了一句「我早就勸過你了，你這是自作自受！」然後推門，揚長而去。

春英不知道自己哭了多久，只知道病房門口人來人往，以前工廠的同事送來的飯菜早就冷了。

4

半個月後，春英出院了，她回到自己開的服裝店裡。

之前臨時找了一個兼職的小女生替自己看店，結果這段時間下來，發現營業額都還不錯，也就是說，春英不在服裝店的日子裡，生意也照常維持下去了。

春英領養了一隻貓回來，那天經過住家附近的天橋，有人在那擺著一個箱子，就剩這最後一隻了，因為耳朵有點殘疾，所以都沒有人願意領養。

她把小貓接回去，洗了澡，還去超市買了牛奶回來。

餵了小貓，春英一個人在沙發上看電視，那天正是週五，一大堆的綜藝搞笑節目，她很久都沒有這麼笑過了。

春英又開了幾家服裝店，然後開始招聘店長跟員工。

她覺得自己要學一些管理知識了，可是畢竟知識有限，加上現在現金流越來越大，她需要一個管帳的人。

一個月後，她租了一間辦公大樓的辦公室，招了一個財務，一個商務經理，一個行政，還有六個店長，以及一些兼職的員工。

春英開始成為真正的老闆娘了。

距離那個她第一次出去跟韓國公司談判的日子，那個夜裡十二點拎著手上的高跟鞋，在路邊招計程車的夜晚，已經整整過去九年。

春英此刻坐在自己辦公室上的轉椅上，然後想起二十歲那一年，第一次看著遠處燈火通明的辦公大樓，心裡念著，總有一天我也要成為那樣的辦公大樓裡的員工。

這一次，她沒有成為辦公大樓裡的員工，而是直接成了老闆了。

春英依舊一個人住，只是換到了更大的房子，每天下班迎接她的只有小貓。

她切著菜聽著電視裡的聲音，然後向小貓嘮叨著，你說我們今天吃什麼呀？你看我今天穿得好不好看嘛？對了我這個週末想去海邊一趟，你覺得如何呢……

小貓慵懶的躺在沙發上，高興的時候就「喵」的回應一聲，懶的時候搖著尾巴，垂著眼睛，睡眼朦朧的樣子。

小貓終於有名字了，就叫元芳，是隻母貓，春英每天不停的嘮叨著問：元芳啊元芳，你怎麼看你怎麼看……

春英的大弟弟結婚了，春英開了輛 SUV 回老家，農村的喜酒總是喝上三天三夜，她還去隔壁村裡請了戲班子為弟弟的婚事助興。

熱鬧之中，春英總覺得不對勁，招呼親戚朋友的時候大家總是熱情，可是轉身之後，她總能看見大夥對她指指點點。

春英她媽把她拉到角落，說你都這個年紀了，你弟弟都結婚了，你還沒成家，而且……你之前流產的事情，有其他去你們廠裡工作的人回來傳開了，大家都在說因為你生不出孩子所以沒有男人會娶你了……現在我連村裡都不敢讓你回來了，因為我們家裡也沒人敢來提親……

母親開始哽咽，春英去廚房緩了一口氣，繼續出去迎接賓客。

第二天春英就收拾東西離開家了，她媽說要回包個紅包給她，她說不要了，這些年我給家裡的錢也夠多了，我沒想過要家裡補償什麼，只要你跟爸還有兩個弟弟的把日子過好就行。

春英她媽看著汽車遠去的背影，抹了一把眼淚。

春英看著後視鏡裡母親漸漸模糊的身影，千萬層棉花堵在喉嚨裡，竟沒有半點哭泣聲。她打開音響，廣播裡傳來歌聲：我終於失去了你，在擁擠的人群中；我終於失去了你，當我的人生第一次感到光榮……

李宗盛的沙啞音色裡，唱的是對愛情的歌頌，而對春英而言，她覺得愛情，親情，她的家鄉父老，她的童年美好回憶，都伴隨著這些時光，遠遠的離開了她。

或者說，是她自己不想再擁有這一切，她選擇失去這一切。

5

去年我去拜訪春英，她正在辦公室裡拆開剛入手的新手機，因為不是很會用，她喊了一聲，有個女孩就進來了，然後開始教她怎麼使用系統，怎麼下載APP。

春英邊看邊嘮叨，這些高科技的玩意兒太先進了，我不愛用，但是為了跟上年輕人的節奏，我還是得學著適應才行……

女孩也為我倒了水，一副畢恭畢敬的樣子，看得出來是剛剛畢業的孩子。

春英說公司裡已經有五十多人了，本來想要換一個更大的辦公室，但是因為大部分員工都是業務經常出去跑，也不需要位置占空間，只是年底尾牙的時候需要換個更大的場地了。

我問春英，元芳怎麼樣了？

春英瞇著眼一臉笑意，說牠越來越懶了，都已經吃成個大胖子了，肉嘟嘟的一團。

我仔細看才發現春英穿了一身白色的衣服，簡單的一件亞麻上衣套在她身上，竟然也鬆鬆垮垮的。

春英說，我早就不吃減肥藥了，或許是年紀大了，想胖也胖不起來，身材就這麼瘦垮垮的了。

忘了說了，春英也開始談戀愛了，男生是她以前的客戶，兩人交往也有兩年的時間了。

春英說他喜歡遊山玩水，跟以前那個男友天陽一樣，也是個文藝青年，或者說是文藝中年了，只不過這個男友也有自己的事業，每個月會定期回來打理一下工作上的事，剩下的時間就是所謂的出去看世界去了。

我問，那你倆這麼一來，還怎麼談戀愛呢？

春英說，我已經過了那種時時刻刻要人陪的年紀了，再說如果我要出去跟他一起遊玩的話，我也可以說走就走。

這一刻我想起，當年還是前男友天陽勸她當老闆娘，然後可以隨時跟他一起去遊玩。

一眼萬年，滄海桑田。

我問春英接下來的打算，她說，我開始調理自己的身體，前段時間去體檢，醫生說我還是可以懷孕的，我打算這次等男友回來就跟他結婚，然後繼續過這樣的小日子。

她繼續說，我之前的事情已經全部跟他說過了，他說如果可以，就生一個我們自己的孩子，如果沒有也沒關係，可以當頂客族或者是領養，我們都能接受。

我嘖嘖點頭。

我已經過了那個需要被別人肯定的年紀了，我花了快二十年的時間，終於可以掌控我自己的人生。

我問，那你還責怪你的父母嗎？

春英說，以前覺得很無力，因為家裡的無力，因為自己的無力，可是一想到這是命，我覺得我沒有辦法去抱怨些什麼，那我就自己想辦法活下去就好。

這一次，我發現春英身上的戾氣少了很多，我一開始覺得這是她沐浴在愛情當中的原因，可是她卻跟我說了一件小事：

前些天有個小女生過來面試，到了最後我問她性格上的弱點是什麼，小女生回答我說，我覺得自己的優點也是缺點，就是我太女強人了，所以我可以扛下生活中所有的不順，但也是因為這樣，身邊很多人都覺得我太蠻橫，一點也不溫柔。

春英是這麼回答這個小女生的：比起那些一直在溫室裡的女生，你算是很勇敢的女孩，做女強人沒有錯，至少你可以先用自己的本事養活自己，同時也會因為你夠強大，所以能推開生活中的那些可能存在的危險，但是我的建議是，在你熟悉的環境裡，你可以試著讓自己溫柔下來，平和一些。

小女生問，你的意思是，我需要一顆女強人的心，但是最好能是一副溫柔可人的舉止？

春英點頭，這是最合適的職場方式，也是最好的生活處事方式。

女生再問，那麼那些一開始就很溫柔的女生，她們豈不是本來就很聰明了？

春英回答了一句，沒有搏殺過的溫柔就是天真。

聽完這一番話，我終於明白春英為什麼可以變得溫柔了，經歷過萬水千山，百轉千迴物是人非之後，她還是當年那個單純樸實的女生，她沒有被生活打敗，她只是學會了駕馭生活。

6

我經常收到這樣的問題：我覺得生活已經到了盡頭了，我快要活不下去了。

以前我的回答，總是會激勵他們要勇敢的活下去，如今我的回答是，**無論好與不好，你還是得活下來**，比起無法面對生活的現實真相，我更沒有勇氣去輕生去自殘，我只是一夜夜裡飽受精神上的折磨，或者叫做掙扎，然後成長。

我唯一能做的，就是用這些身邊的故事，告訴我自己人外有人天外有天，有更多不快樂不幸福很壓抑很痛苦很徬徨的人與我同在，也有更多一步步一點點把日子過下去並且慢慢過好的人與我同在，當我明白這兩者的區別就在於，我是願意相信這個世界是壞的還是好的，一念之間我心裡瞬間就開闊了。

臨走的時候，春英給了我一張名片，我笑著問，你以前不老說自己名字土嘛！那你給自己取個英文名不就行了嗎？

春英說，我本來也想，但是這些年下來我也習慣了，記得我第一次跟這個男朋友介紹我名字的時候，他說了一句，春天的蒲公英，春天的種子，這是多好的希望啊！

春英還說，每當我遇上挫折的時候，他也總會安慰我，不要怕，春英春英，你才是春天裡的英雄呀！

我知道，這一次春英終於選對人了，一個擁有如此強大內心而又溫柔可人的女人，又有誰能不愛呢？

7

這是我藏在心裡很久的一個故事，之所以藏這麼久，是因為春英一直處在奮鬥的過程中，她的奮鬥歷程很感動我，但是我終究覺得沒有什麼說服力，直到如今我覺得她終於有了一點所謂世俗上的成功了，她的內在力量對於我而言，也彰顯得更加真實，更加動人。

春英把我送到門口，突然想起什麼，於是說，我上個月換了一輛 BMW，店裡還送了我一輛自行車，據說也要上萬元，品質也很好，你就拿去用吧！

我說這個太貴了，我不能要，而且你開車久了，偶爾騎個自行車去兜兜風也是不錯的嘛！

「你忘了嗎？我從小到大，什麼時候有時間學過自行車了？我根本不會騎好嘛！」春英接著大笑，「你知道嗎？以前我覺得自己竟然連最普通的自行車都不會騎，那是此生多大的遺憾啊！可是我現在連轎車都換了好幾輛了，也不覺得自己的生活有多優越，生活本來就是這樣平淡前行的不是嗎？」

我坐電梯離開了。

發呆的時候想起一句，**這個世界沒有對你好，這個世界也沒有欺負你，它就是無意的。**

這個世界沒有對你好，
這個世界也沒有欺負你，它就是無意的。

不滿意小姐

我知道善良很重要，但是在某種程度上，
善良也是一種軟弱，有時候適當的反擊，
才是你獲得尊嚴的方式所在。

小學三年級的時候轉學，到了另外一個小學讀書，我在講臺上自我介紹，說我叫小令，之前在某某小學讀書，因為我的爸爸工作調動，所以就到這裡來上學了，希望能跟大家一起學習一起進步。

台下一陣整齊而又響亮的掌聲。

我回到座位上，前後桌的女生們找我一起包書皮，開學剛發下來的課本，我們把家裡的報紙拿來，順著課本的大小再多裁出五公分的邊，然後在課本折疊處把報紙折進去，書皮就做好了，課本能保持一個學期下來都嶄新如初。

不滿意小姐坐在第一排，聽說爸爸是學校的某個主任，那個時候的我沒有任何的背景勢力一類的概念，我依舊跟新認識的朋友們一起值日掃地，負責收同學們的作業，自然課會提前幫老師準備綠豆，用來做植物發芽的實驗。

不滿意小姐有一天找我，說放學跟我一起做作業。

我說好啊！

那天下午放學，平時很熱鬧的教室裡沒有人，就剩我跟不滿意小姐。

我沒有覺得奇怪，只是完成作業然後就回家了。

第二天早上去上學，路上遇到不滿意小姐，她走過來說，以後我就在這裡等你一起去學校。

我說好啊！

第三天，我發現教室裡沒有人願意跟我講話了，更沒有同學跟我一起放學寫作業，或者早上一起做早操後聊天玩耍了。

我身邊就剩一個不滿意小姐了。

我寫了張紙條問隔壁的小花，問為什麼大家最近都變得這麼疏遠我，是我哪裡做得不對嗎？

小花把紙條扔了過來，×××（不滿意小姐的名字）看上你了，那你只能是她一個人的朋友了，我們是不能靠近你的。

那應該是我人生中第一次體會到校園所謂幫派的詭異狀態吧，只是這次沒有幫派，只有不滿意小姐一個人，而我莫名其妙「被成為」了不滿意小姐的小妹。

三年級下學期，我爸去市區出差開會，去書店買了幾本《小學生作文》，分為命題作文、散文外加應用文幾個寫作範文系列，一百塊錢一本，那個時候我爸每個月的薪資是幾千塊錢。

我把幾本作文書帶到了學校，課間的時候就翻開來看，隔壁桌的同學們過來說想要借來看看，我留了一本給自己，另外三本借出去了。

下午放學的時候，不滿意小姐過來了，說要借我的作文書，我說都借出去了，她說你手上不就有一本嗎？

我剛想說一句，這本我也才開始看呢……

不滿意小姐伸手過來一拿，說反正這是你的書，你遲早都可以看的，先給我吧。

我無話可說。

2

兒童節前夕，班上要排練表演節目，我們一群女生放學之後就會在教室裡排舞，有天放學不滿意小姐找我，說我們需要買一些化妝品回來化妝。

我很驚訝，這不是老師他們會安排的嗎？

不滿意小姐「噗嗤」笑了，老師帶來那些化妝品多髒多噁心啊，我們肯定是要用自己的呀！而且除了表演節目之外，我們平時也可以用。

我還是驚訝，我說我從來沒聽到過有這個說法……

不滿意小姐開始生氣了，你傻啊，我們爸媽不讓我們抹粉底塗口紅，但是我們可以自己在家玩扮家家酒的時候偷偷塗，這樣他們就不會發現了啊！

我無話可說。

不滿意小姐說，你今天回家跟你爸媽要錢，要多少都行，我們可以慢慢存一個月再去買。

我說那找什麼藉口呢？說是買化妝品的話我會被打死的……

那就說買書，買文具，怎麼都行。

放學回家，我跟爸媽開口，要買幾隻筆，還有幾個筆記本。這樣持續了一個星期，要到了五十塊錢。

早自習過後，不滿意小姐把我拉到一邊，說我們要改變一下方式了，這樣速度太慢了，一個月後我們根本就不夠錢買化妝品。

我問了一句，為什麼非要一個月呢？一個月之後兒童節表演早就過了，也就沒什麼節日了，而且扮家家酒哪個週末不能玩，為什麼要一個月內就要買足化妝品呢？

這一刻我感覺到不滿意小姐的火焰已經升到了頭頂了，果然，她大罵一句，我說一個月就一個月，你問這麼多幹什麼？

後來的日子，我動起各種小心思。

我每天晚上在客廳看電視，趁著我爸去洗澡，我就在浴室外面說，爸我從你的錢包拿了十元，想買點好吃的。

我爸說沒關係，拿去吧。

接下來這一個星期，我雖然總是嘴上跟我爸說我拿了十元，但是實際上我拿的錢慢慢從十元變成五十元，最後是一百元，有一次把一堆零錢全部抓進書包裡，不敢在家裡數錢，第二天早上到學校數了數，發現有快兩百元。

不滿意小姐還定了個暗號，每天早上到學校就要彙報一下彼此的收穫，五元就說「鉛筆」，五十元就說「原子筆」，一百元就說「鋼筆」，然後像特務一樣，遠遠的隔著幾桌同學，拿起一種筆，另外一隻手伸出幾個手指，代表是拿了幾個。

我的膽子並沒有越來越大，反而是越來越慚愧，晚上開始失眠，上課的時候注意力也不夠集中了。

不滿意小姐也會每天早上帶來戰果，但是她的收穫總是低於「原子筆」的數量，而且每次都有不一樣的理由，要麼是她爸昨天沒零錢，要麼是她媽昨天一直跟她看電視沒法下手，要麼直接就是什麼收穫都沒有，因為她爸出差了。

每當我那天晚上的收穫很差的時候，我第二天就不敢上學，因為害怕見到不滿意小姐很凶的表情，粉嫩的臉上撅起嘴，瞪著大眼睛，就要一口吃掉我的樣子。

不滿意小姐對我永遠都不滿意。

我當上了一個小組的國語課組長，不滿意小姐剛好在我的小組裡。

每個星期需要背誦兩篇課文，每個小組的成員自己讀熟了以後就來組長我這裡背誦，背完了就算通過了。

不滿意小姐也會找我背誦，只是她不會直接到我面前，而是坐在她第一排的座位，我坐在第三排，中間隔著一桌，她會轉過來面向我，在早自習的時候背書。

周圍一群同學在念書，就像開了鍋一樣的吵鬧聲，我隔著遠遠的距離，看她的嘴型對不對，偶爾她停頓下來，我也得等著她，然後她繼續開口背誦，我繼續集中精力看著她的嘴型。

熙熙攘攘的讀書聲裡，偶爾能聽到一兩處發音從遠處的她的嘴裡傳來，至於其他那些我聽不見的，還假裝自己聽見了，並配合著點點頭。

有一次坐在中間那一桌的男生終於聽不下去了，他取笑我說，隔得這麼遠，白痴都知道是聽不見的，她是真的背出來了，還是背不出來動動嘴混過去了，你也不知道，你這麼做有意思嗎？有本事你叫她直接到你面前背誦啊，你不是小組長嗎？這也太沒出息了吧……

人群裡我滿臉漲得通紅，我趕緊衝去廁所，一直躲啊躲，等到上課鈴聲響了，才慢慢走回教室。

一個月後，我們的化妝品基金湊了差不多快五百元，這當中有兩百五十元以上都是我向我爸偷來的。

我們去了百貨商場，櫃檯的阿姨問我們要什麼，我不敢出聲，不滿意小姐面不改色的說，我們的姐姐讓我們過來買口紅。

櫃檯阿姨有些驚訝，但是也沒說什麼，拿出幾支口紅出來，不滿意小姐一支一支的試了起來，接下來還有腮紅跟粉餅。

我在旁邊看著，像一個小丑，抬頭低頭都覺得不舒服，忐忑不安。

最後我們的錢只夠買一支口紅，不滿意小姐挑了自己喜歡的那一個顏色，另外櫃檯阿姨還送了我們一支試用品的眉筆，我們就回家了。

不滿意小姐只會在我家玩扮家家酒，從來不會把我帶到她的家裡去，她說是她爸媽管得比較嚴，在家裡不允許做這些幼稚的事情。

不滿意小姐幫我塗上口紅，然後扮演白雪公主，我照著鏡子看了一眼，一對畫得毛茸茸的粗一段細一段的眉毛，還有看起來紅腫的嘴唇，不滿意小姐說，你看很好看吧對不對？

我終究高興不起來，我說我怕我爸媽回家會看見，我還是洗掉吧。

於是後來我只是扮演灰姑娘，穿一些奇形怪狀的衣服，不滿意小姐就扮演白雪公主，然後把我媽在市區買給我的幾條連身裙輪流穿上，對著鏡子，翩翩起舞。

有一天我還是被迫又塗上了一層口紅，因為不知道有卸妝油這個概念，只是純粹的用清水沖洗，結果有天晚上吃飯前被我媽發現了，她問我，你是不是塗了口紅？

我戰戰兢兢的回答，說那是班上有女生從姐姐那裡帶來的，我就試塗了一下。

我爸邊吃飯邊說了一句，你還小，就不要弄這些亂七八糟的東西，等你長大了都會慢慢有的。

我想起上個月從我爸那裡或是說謊，或是直接偷來的一百元，那一頓飯我根本就吃不下幾口。

4

期末考試，我覺得自己考得很不錯，於是就歡喜的回家了，等待著一個星期後的年級頒獎大會。

老師提前把我們召集回學校，要開一場班級同樂會，不滿意小姐氣勢洶洶的跑到我面前說，我讓我爸提前去查成績了，說你得了年級第二名。

我說，哦。

不滿意小姐問，為什麼你可以考那麼好？

我說認真上課看書就好。

她問，可是我跟你都是一起寫作業，一切放學玩耍，我沒看見你有比我用功啊？

那個時候的自己，說不出「讀書也是分智商高低」這種話，我只能回答說，我國語課上的聽說讀寫都是很認真背誦的。

不滿意小姐終於怒了，你的意思就是說，我每次背書都沒有真的背出來，只是糊弄過去，只是為了完成作業而已囉？

我弱弱的說了一句，其實這跟有沒有完成老師的作業沒有關係，反正考試的時候你會不會做題目，就能考驗出真假了……

不滿意小姐推了我一把，然後說，我告訴你小令，現在班上除了我願意跟你做朋友，沒有人願意跟你做朋友，而且你以為跟我劃清界限了，其他同學就會重新跟你一起玩嗎？你做夢去吧你！

同樂會上，老師鼓勵同學們發言，輪到我的時候，我想了好久，終究不知道說什麼，最後我說了一句，如果可以的話，我真的希望我爸沒有調來這個地方工作，這樣我也不會轉學來這個學校了……

講臺下瞬間變得很安靜，老師也在一邊微笑，然後問我，小令你是不是遇到什麼不開心的事情了呢？

我憋了幾十秒，想起不滿意小姐十分鐘前的那段「威脅」，想著三年級才剛結束，想到接下來還有三年要待在這個小學裡，黑暗的日子不知道後面還會發生什麼……

我終究沒有說什麼，只是默默走回自己的座位。

期末頒獎大會結束，我去找不滿意小姐，說想要回之前那本借給她的作文書，因為已經過去一個學期了，其他三本書都輪流到了不同的同學手裡，我想拿回這一本自己放暑假在家看。

不滿意小姐說，我放在家裡了。

我說，那我跟你一起回家裡拿吧。

不滿意小姐停頓了一會兒，說不行，我爸媽還沒回家呢。

我說那等他們下班了，我們一起回去就好了。

這時候不滿意小姐把手上剛拿到的資優生獎狀「啪！」的扔到我臉上，我告訴你小令，我爸是學校的主任，我媽是律師，我像是那種貪小便宜的人嗎？再說了，一本書也才一百元，誰稀罕啊！

我急忙解釋，說我不是這個意思，我只是純粹想要把書拿回家自己看看，因為我爸買給我的這幾本書我都還沒看過，我覺得很對不起他……

這一刻，我看見不滿意小姐的神情突然變得詭異起來，果然，她冷冷的說了一句，你對不起你爸的事情可多了，小心我把你偷錢的事情告訴老師，到時候全校都知道了，我看你還能不能拿資優生的獎狀？

我急得跳腳，說這件事不是我一個人做的，你也參與其中，而且一直以來都是你指使我做的！

不滿意小姐一臉神氣的樣子，我叫你偷你就偷，你是傻還是笨啊？再說了我爸是教務處的主任，你覺得他會信你還是信我呢？

這應該是我在那個年紀遇到的，對我而言算是「天大」的事情了吧，很多年後我看《無間道》裡的陳永仁，到死了終究沒有一個清白的名分，帶著世人對他的誤解而離開人世。

我覺得自己當年就是一個跟錯了幫派老大，最後變成替死鬼的小走狗，可悲的是，有可能這輩子都不會有人再相信我了，我覺得自己的人生可能永遠都拿不掉一個叫做「小偷」的標籤了。

那個暑假，我變得心事重重，不願意看電視，不願意跟別的同學出去玩耍，吃飯的時候爸媽問我也不說，有段時間有個遠房上國中的姐姐來家裡做客，我很想告訴她這件事情，但是一想到萬一她會告訴我的爸媽，我終究不敢傾訴。

我的懦弱，就是從那個時候開始的，因為自己做錯了事，在別人手上有把柄，每天夜裡做夢總是夢到老師責備我做過的醜事。

惶惶不可終日。

6

開學的時候，我不敢去學校報到，開學前幾天晚上根本就睡不著，後來是我媽拖著我到了學校門口。

到了學校我才知道，不滿意小姐轉學了，她的爸爸調到另外一個學校去任職，她也跟著過去了。

那一刻我不知道怎麼形容自己的感受，說不上什麼大悲大喜雨過天晴，只是覺得有了一點鬆了一口氣的感覺。

夜裡回到家，我才想起那本作文書，不滿意小姐終究沒有還給我。

想著我爸一個月這點薪資，這本一百多塊錢的書，我還沒看過一次，心裡有點難受，洗澡的時候還在浴室裡抽泣了一陣。

後來的日子裡，我認真學習，努力複習功課，然後考上更好的國中高中，還有大學，只是我至今沒有告訴我的爸媽這件事情，我只是默默的對他們好，把薪資存下來寄給他們，每週打一次電話回去，沒有話題也要找話題陪他們聊天，不讓他們覺得寂寞。

我使勁，使勁，加倍，加倍的對他們好。

當年這半騙半偷來的五十塊錢，日日夜夜侵蝕著我的價值觀，讓我整整一個學期加一個暑假都胡思亂想，很多年之後偶爾回想起來，還心有餘悸，這點錢真是差點就要把我整個人生都要毀掉了。

今年過年回家的時候，我媽跟我說有兩個小學同學搶劫珠寶店，被抓進警察局了，我想起這兩個同學，一個是從小父母拋棄，跟著奶奶一起長大的男生，他從小到大就是個性格怪異，對這個世界各種不滿意的人，老師教導過很多次，但是他奶奶年紀大了，也從來不會管教。

而另外一個男生，就是家境還不錯，各方面表現也還不錯的所謂乖乖男，但是小學的時候被那個壞男生帶壞了，偶爾偷點同學的零花錢，後來偷老師辦公室的文具拿去賣，然後去偷自行車，再去工地把鋼鐵偷了拿去變賣。

兩個男生都曾經跟我一起同桌過，只是壞男生不愛跟我說話，跟乖男生同桌的時候，他偶爾會告訴我，偷來的錢花起來很刺激，而且不花爸媽的錢也能買很多零食，他很高興。

後來，兩人慢慢從小偷變成了大偷，乖男孩被自己的爸媽教訓過很多次，但是沒辦法，性格已經形成了，而且每一次從警察局被爸媽的熟人解救出來後，壞男生還是會繼續找他，他們就繼續幹著不願意好好工作而是小偷小摸的事。

前段時間我媽打電話過來，又聊起這兩個男生，應該算是兩個男人了吧，都是和我相同年紀的人，兩人有天夜裡去偷一戶人家的電腦，半夜被主人發現了就逃跑，結果跑太快，加上夜黑風高看不見，從樓上摔了下來。

壞男孩摔死了，乖男孩腿殘廢了。

我媽說，大家捐了點錢給壞男孩的奶奶，周圍鄰居也都去看了奶奶，奶奶沒有掉眼淚哭泣，只是一個勁的念著，「有爸生沒爸養，這個孩子跟他爸一樣，都是個沒用的畜生……」

「這都是命，哎。」我媽在電話裡嘆了口氣。

因為十幾年過去了，我已經不記得這兩個同學的面孔了，甚至只記得他們的外號，連名字都記不起來，加上隔著千里之外是在電話裡聽到這件事情，即使難過了一陣，因為忙著我的工作我的生活，也就漸漸淡忘了。

只是夜裡的時候，偶爾想起來，心裡有些許傷感。

我們的童年裡，**我們的青春期裡，總是會遇見各種形形色色的人，我們需要這些人一起成長，但是也要學會跟他們一起磨合相處，只是那個年紀的我們還不懂得分清對錯善惡，或者說有基本的價值觀，但是極其容易動搖，稍微有點被洗腦被威脅被動了小小心思，於是就妥協了。**

我也不知道當年的我如果繼續跟不滿意小姐待在一起，後面的日子會變成什麼樣，即使不能完全判斷是她一個人的錯，但是我左右搖擺的懦弱，也是我為什麼成為了她選擇的那個夥伴的原因，因為班上其他那些同學後來告訴我，不滿意小姐就是專門挑那些轉學來的新同學下手，拉攏成為她的小兵幫她做事情的。

幼稚而又可怕的甄嬛傳。

7

年假的時候我回老家休息，我那上二年級的小侄子悄悄告訴我，說他每天放學隔壁班有個男生要跟他收過路費，不給錢就會被打。

我問小侄子，那他真的打你了嗎？

小侄子說沒有，但是那個同學說了，要是我跟他一起在馬路上攔下其他同學上繳保護費，那我就不需要繳納我那一份了。

我心裡一慌，於是問這件事情你有沒有告訴爸媽？

小侄子說，爸媽要我告訴老師，可是我怕他打我，所以不敢說。

那天下午我親自去接我小侄子放學，然後買了幾包巧克力帶身上，果然，那個男孩在路上等著，是個讀四年級的大男孩。

我把巧克力給了男孩，然後告訴他說，第一我已經把這件事情告訴了你們老師，老師說不會懲罰你，只要你以後不要再這麼做；第二就是你那點收保護費的錢，都比不上好好讀書考試拿到的獎品多，而且讀書成績好了，以後工作賺錢的時候，不用動粗別人就會把錢給你；第三就是我知道你爸媽的工作，你又不差這點錢等著吃飯，你只是覺得無聊，想當一下英雄而已對不對？

大男孩很黑，轉著白溜溜的眼睛，他低下了頭，拿著我的巧克力就走了。

後來我問小侄子，他說那個高年級的同學後來就沒有在馬路上堵過人了。

我從來不覺得自己拯救了一個壞男孩，因為我是出於私心不想讓我的小侄子受到傷害，如果我的這點小舉動把這個男孩從變壞的路上拉了回來，那也是因為我曾經軟弱過，助漲過別人的氣焰，我嘗試著用理性的方式，不再讓這個熊孩子變得更壞，甚至變成大壞人。

與此同時我自己也開始反思，要是當年的我能夠像我小侄子一樣，身邊有一個可信任的人傾訴，或許我三年級那一年就不會有後來的一段痛苦了。

至於我能告訴自己的就是，既然明白了這一點，我自己就要開始慢慢從弱弱的女生變得硬氣起來，無論是生活還是職場中，我早就從小心翼翼的一個傻白甜，過度到無論做什麼事都會給自己留證據的一個小油條了。

我知道善良很重要，但是在某種程度上，善良也是一種軟弱，有時候適當的反擊，才是你獲得尊嚴的方式所在。

那天看到社群網站上的一個截圖，據說是主持人金星在脫口秀裡的一段話，「人不犯我，我不犯人；人若犯我，禮讓三分；人再犯我，斬草除根！」

大部分的人拿這個當一個梗圖來轉發，我卻告訴自己，對待這些不怎麼友善的人，第一就是要自己強大起來，這樣可以防止自己受到傷害；第二就是要變得更好更優秀，脫離那個環境那個局面，跳出權威者製造出的某一部分潛規則，也就是說，這個遊戲我不跟你拚輸贏，我直接不跟你玩了！

人在江湖，身不由己，但是至少我們可以選擇退出這個小江湖，去到另外一片疆域去生存，這就跟換一份工作、離開一個不可靠的對象是同樣的道理，**生活從來沒有那麼多「我沒得選」，只是你不敢選罷了。**

有人留言給我，說最近發生了好多不好的事情，還有人提到網路上有個女生借用一些天災人禍的事情，編了故事，騙了很多錢，於是有人問我，你說這個世界還會好嗎？

我不知道怎麼回答這個寬泛的問題，夜裡的時候看到一部韓國電影叫《熔爐》，正如這部電影的英文名《Silenced》一樣，看完之後我沉默了好久。

電影以一個發生在光州一所聾啞學校的事件為藍本，這是一個真實的故事，當中描寫了一起性暴力引發的悲劇，以及學校的教授和人權運動者力圖揭開背後黑幕的故事，面對良心的拷問和各種誘惑，你會選擇哪條路？

電影裡最後一句臺詞是：**我們一路奮鬥，不是為了改變世界，而是為了不讓這個世界改變我們。**

這一刻，我終於釋懷。

生活從來沒有那麼多「我沒得選」，只是你不敢選罷了。

漂亮也是一種實力

如果說整型承擔的是身體上的風險，
那麼探尋思考人生的價值跟意義
也是一種靈魂上的手術，
這兩者的痛苦程度並不存在對比的必要，
而是在於你自己，
如果你認為它很重要，那它就是重要的。

我從小不是個美女，所以從來沒有享受到網路上討論的那種「從小長得好看是一種什麼樣的體驗？」的感覺，但是這個社會就是殘忍的，家人教導你的那些真善美，會在你走進校園的第一天，走進群體生活的那一刻，就開始受到價值觀的衝擊。

現在回過頭來想，從小到大，從校園到職場，長得好看的人總體來說是吃香的，就連大數據分析都說身高跟長相在一定程度上，能夠幫助職場白領比同類其他人的收入高出百分之三十，當然這也只是一個相對而言的統計結果，你要是拿出馬雲先生那樣的極端案例來反駁，那我也是沒辦法應付的了。

說回具體問題。

家裡表妹考上了大學，因為遺傳緣故，長相漂亮身材高挑的她長了一口極其凌亂的牙齒，表妹想戴牙套，問我的意見，我本來覺得這不是一件大事，於是說你要矯正那就去吧。

結果表妹打電話過來，說家人七嘴八舌意見不統一。

我說這有什麼好議論的？

表妹回話，家裡有親戚說，做牙齒矯正會影響智商，而且牙齒不算大問題，沒有必要花這筆錢。

我在電話裡差點笑出來，於是回話說，關於影響智商這個東西我不知道是什麼判斷依據，但是至少我身邊這麼多的戴牙套的女生朋友裡，聰明的繼續聰明伶俐，笨的依舊還是個傻女生，按這點醫療風險程度來衡量，簡直比拔智齒還要安全的多。

還有是誰告訴你牙齒好看不重要的？你去看看當年小S的牙套日記，看看白百合，看看現在演藝圈的一眾花旦小妞，有哪個笑出來是一口參差不齊的牙齒的？

身為普通人其實一般的天生牙齒也就可以了，但是表妹的牙齒不一樣，她一臉甜美的長相在她開口說話的那一瞬間，所有我對於她身上可以感受得到的關於年輕、活力、漂亮的標籤全部都沒有了。

而且最重要的是，她有些小自卑，這些年裡不愛笑，因為不敢。

我果斷鼓勵表妹，去矯正牙齒，趁著念大學還沒有出社會，把牙齒整理好是件只賺不賠的事。

夜裡收到一個女生的留言，她是一個在校大學生，她問我，現在社會熱議的這個看臉的世界，一張好看的臉，真的很重要嗎？或者說是在找工作以及其他方面真的很重要嗎？拿明星舉例，就算覺得周杰倫算不上大帥哥型，可是也沒人否認他的成功和他的地位啊？

看臉的世界，到底意味著什麼？

這個問題太大太廣泛，要是放在《奇葩說》辯論也只會是各執一詞，雙方都能有理有據，所以我只說說身邊的一些小事情。

外貌這個事情，有時候跟有些人天生吃不胖是一樣的，那就是真的有人天生好看，所以我們只能從造物者的角度上接受這一點，我的隔壁同事 YOYO 小姐就是個天生的大美人，哪怕是放在網紅群中，她也十分出眾，但是這種美貌也讓她的生活是一場歡喜一場憂。

歡喜的是她總是能受到身邊很多人的關照，每當她很辛苦的完成一個設計時，身邊的同事總會說，果然長得好看的人做出來的海報就是不一樣；憂愁的是她在相親的路上坎坷無數，太多看起來不錯的優質男總是覺得她是個膚淺的女孩，只適合戀愛不適合結婚，她的努力別人沒有辦法看到，或者說直接就被忽視了。

對於大部分女生而言，大學應該是讓一個女生開始變美的最好階段了，不管你承不承認，你去參加社團參加學生會，你去參加一個陌生朋友的聚會，別人對你的評價其實一開始就先入為主了。

其次是工作求職，你要面試，尤其是那種在一群人當中一輪輪的篩選下來，在這一點上來說如果在實力相當的情況之下，有一個好的皮囊肯定是最好的加分選項了。

這個道理對男生來說也一樣成立。

以前我是不相信這一點的，可是到了如今我開始成為面試別人的人，我在挑自己的合作同事或者助理的時候，也總是會膚淺的說一句，長得好看最重要，雖然是一句玩笑話，但是從我自私一點的角度來說，工作是一件瑣碎無聊而又長時間的事情，在你每天與之相處的同事當中，好的臉龐甜美的微笑，會讓你的工作狀態差不到哪裡去。

2 那麼問題來了，要是長得不好看怎麼辦？

我不知道大家是怎麼定義好不好看這件事情的，而且說真的每個人的評價標準不一樣，但是在我所理解的邏輯中，應該說沒有好看與不好看的區別，而是「讓別人覺得好不好看」的區別。

也就說，這個評價的標準，在於你自身的外貌帶給別人的感受以及回饋，那麼既然是別人來進行評定的，那這個標準本身就是參差不齊褒貶不一的。

我最喜歡的歌手奶茶劉若英，算不上是演藝圈的大美女，可是她的溫和柔美知性，這種性格的魅力加上她姣好的面貌，在我心裡就是一個好看的人；周迅也算不上出彩的大美女，但是她的演技加上氣場，你就知道她的「周公子」的稱號真不是別人隨便能夠擔當得起的。

最近幾年流行的大叔熱為吳秀波開啟了人生的巔峰生涯，但是要知道在十年前他那一大岔鬍子，不知道會讓多少人覺得凌亂而又無語；至於流行起來的「醜美」一族，與其說是受眾接受了黃渤的長相獨特，不如說是他的演技出彩需要他這樣的一張臉，然後受眾也就習慣了這張臉，於是就覺得這也是一種好看的舒服。

有些人天生就是靠臉吃飯的，你看當年林青霞、張敏、王祖賢、關之琳那一批在TVB中點亮整個電視螢幕的無加工美女，她們美了很多年，也讓人們記住了她們的美。

至於那些說美女就是花瓶的觀點，大部分是因為他們自己本身沒有這份天生的本錢，所以需要找藉口給自己些許安慰，而且要知道這年頭靠美吃飯已經成了一種趨勢了，演藝圈長得好看演技爛的人多得數不勝舉，但是只要拿到了入場券，不管日後的他們是演技逐漸成熟還是止步不前，或者就有范冰冰這樣本身就是把美當成生產力的人，幾十個大牌廣告代言加身，你也不能否認長得漂亮，以及維持這種漂亮就是一種能力所在。

至於在路人圈裡，**長得美從來就不是一件壞事，重點是看你怎麼對待它。**

我念的大學是社會組取向的院校，男生跟女生的比例是三比七，甚至差距更大，走在路上隨便拎出來就是一個大美女，我剛入學的時候真的是自卑到骨子裡去了，可是後來我自己漸漸發現，很多美女的養成都是有一個過程的。

有些是家裡條件不錯，從小到大的審美觀都還行，加上很早就接觸新鮮的時尚資訊，這樣的女生本身很有個性，知道自己的特點是乖乖女的風格還是有個性的酷酷少女風，這些人的特點就是，她們會特別堅信自己就是好看的，這種發自內心的自信會讓她顯得更有光芒，如此循環下來，她就成為了我的眼中那種漂亮女生了。

另外一種則是被養成漂亮型，就是你身邊的人會開始影響你對於外貌這件事情的重視程度，然後自己再去摸索探討，在這當中有著一個慢慢試錯糾正，改進調整，直到合適自己風格的過程。每個人在這條路上的成長程度各自不同，但是有一點是可以確定的，那就是一定會比過去的自己更好。

我就屬於後一種，天資不足後天努力類型的，我相信這也是大部分女生一樣的成長之路。

3

接下來說說整型。

這一刻我腦海裡大約數了一下，我所知道身邊的女同事，做過雙眼皮的有五個，整過鼻子的有三個，還有好幾個女生正在打聽跟了解相關的整型資訊。

其實演藝圈裡整型不是件怪事，只是如果是身邊的熟人的話，還是會難免八卦探討一下。

這幾個割了雙眼皮，整過鼻子的女生，無一例外都是帶著墨鏡來上班的，有時候在辦公室裡也會戴著。

第一個勇於嘗試的人總是難免遭到議論，身邊的女同事在人前人後都會竊竊私語一下，無非就是整得好不好看，花了多少錢，以及「算了我自己還是不要冒那個風險」一類的來回說詞。

時間久了，大家也就習慣了。

而後第二個第三個相繼動了刀子的女同事第二天一副墨鏡過來上班的時候，我們也就見怪不怪了。

現在的整型已經算是大眾接受度很高的一件事了，地鐵公車的廣告無處不在，而且價錢也越來越便宜，甚至有時候根本不用動刀子，一些微整型也開始漸漸興起了熱潮。

公司有個三十多歲的女同事，是個打肉毒桿菌的虔誠愛好者，她一邊吃飯一邊專業的講解給我聽，這個東西簡單快捷，而且不需要請假休息調整適應，我的咀嚼肌越來越大，沒辦法只能把兩邊的肉給化解掉，但是這東西有效的時間不長，隔半年就得補充一次。

我說，那這要多少錢啊？

兩邊臉加起來，一共三萬五。

我於是問，等於半年一個名牌包的錢，你就不心疼嗎？

女同事笑著說，有什麼能比得上讓自己每天高興來得重要呢？

我無言以對。

當然這只是我身邊的唯一一個小特例，大部分的女生，都行走在靠飲食跟健身來調整保持外貌的路上，這些人的特點就是，衝勁十足，執行力特別強，都說減肥是女人一輩子的事業，這話不假，我們生來就是跟自己變老變醜抗爭的，只是這條路上，有些人很狠，有些人卻毫不在意，這一切取決於你看不看重這件事情罷了。

辯論型綜藝節目《奇葩說》之前做過一集專題，「整型能不能幫你成為人生贏家？」蔡康永說整型是一件你成為人生贏家的必要武器，應該讓需要的人擁有這些武器，但是仔細想一想，這個世上沒有多少人是奔著成為人生贏家的目標去的，因為人生贏家這個概念的本身就是評判標準不一的。

二來是這個結果也是別人評判出來的，那些取得成功的人其實在這條慢慢向上的路上，他自己會發現這是一件水到渠成順其自然的事情，根本沒有必要拿這個頭銜來證明自己的輝煌存在。

對於整型這個話題我從來沒有過強烈的支持或者反對，但是我並不會藐視那些希望透過整型能夠改變些許人生命運的人，因為這也不過是他自己的選擇，如果說動刀

子承擔的是身體上的風險，那麼探尋思考人生的價值跟意義也是一種靈魂上的手術，這兩者的痛苦程度並不存在對比的必要，而是在於你自己，如果你認為它很重要，那它就是重要的，僅此而已。

4

身為一個非天生好看的女生，我從來就沒有期望過靠臉吃飯，但是我也從來不會嫉妒那些可以靠臉吃飯的人。

有句話說，「明明可以靠臉吃飯，可是偏要靠才華。」這句話的重點並不在於前者，而是無形中就證明了好的內在跟實力還是行走江湖必不可少的武器。

至於你看到那些憑著美貌嫁入豪門的女明星，當中的家庭故事我們外人不得而知，但是說真的，她們真的是僅僅憑美貌嫁進去的嗎？如果只是一副好皮囊，那麼跟她同一款風格的大有人在，為什麼會是她呢？

談論這些無聊問題的所在，一是告訴自己天生沒有好容顏，那就要後天不斷補短，**女人最害怕的是變老，但是最神奇的也是變老，因為這樣才有辦法驗證真正的美不僅僅來自於外在，更是來自於內在這件事情的意義。**

二來也是要告訴其他的女生，那些你看起來長得好看的人，天知道她在背後付出了多少努力，尤其是那些一身本領在手，順便長得漂亮的女生，她們才是這個世界上最可怕的物種，因為她們臉上不僅寫著她們有多努力這件事情，更寫著一種任性至極的自信，這才是一個真正好看的人的最有魅力的氣質所在。

漂亮本身就是一種實力，它反映出你對於美好肉體的追求，體現在你吃的每一口飯，喝的每一口水以及每一次鍛煉過後的汗水裡；它更反映出你對於美好靈魂的追求，體現在你看過的書，遇見過的人，經歷過的成長，淬煉過的思考，以及對於自己嚮往生活的種種經營。

對於男生而言，長得好看的才叫小鮮肉，長得好看的才叫大叔，其他的不要輕易往自己臉上貼金。

但是對於素人而言，有句話說，沒有人有義務透過你醜陋的外表去挖掘你優秀的內心，沒有好皮囊，那就把自己收拾的舒服一點，然後不斷提升自己，精勇猛進，哪天說不定自己真的小有所成了，這時候一定會有人站出來罵你，你明明靠臉就能吃飯，幹嘛來搶我的飯碗？

到那個時候，你不需要辯解，只需要高興接受就好。

女人最害怕的是變老，
但是最神奇的也是變老，
因為這樣才有辦法驗證真正的美不僅僅來自於外在，
更是來自於內在這件事情的意義。

上班族不華麗

我覺得自己受到了欺騙，
一種比委屈還要難受的欺騙，
後來我梳理出來了，那應該是一種自卑。

有個前輩說，身為一個已經在職場中工作近十年，開始步入陳奕迅階段的中年人，看完《華麗上班族》✽之後的感覺是，我的夢想和理想都失去了。

我很喜歡張艾嘉，但是今天我不想寫影評，只是想借用這個主題，說說我記憶裡的些許職場感悟。

其實我一開始是對職場很嚮往的，我覺得我身邊大部分的女孩也都有受過杜拉拉小說的影響，至於影視作品就沒有必要討論了，因為早就變成了以職場之名，演繹出一場時裝秀或者戀愛故事而已，沒有多少參考的意義。

與其說是對職場很期待，不如說我是對社會生活很期待，在校園裡當了十幾年的學生，我早就習慣了那一套如何成為好學生的標準體系，直到進入大學的時候開始莫名其妙的思考人生，覺得以前的讀書日子過得平淡無味，說不上討厭那樣的自己，只是覺得沒有多少值得回味的地方。

✽華麗上班族：為張艾嘉創作並主演的舞台劇，並改編為電影，由杜琪峯導演，張艾嘉、陳奕迅等人主演。劇情描述職場當中的明爭暗鬥。

然而尷尬的是，處於大學期間的我，即使已經開始從井底之蛙的邏輯思考裡找到了另一個世界的一點光亮，但是畢竟當下我還是學生的身分，我依舊受制於教育體系下的學校紀律。

當然我並不是說是要做壞事的節奏，只是應該是差不多在大一下學期開始，我心裡就開始有一種想法，我隱隱約約感覺當前的這種狀態是不對的，無論是認真上課還是蹺課，無論是積極參加活動還是宅在宿舍裡看美劇，我沒有辦法再用一個標準判斷身邊的人做得對不對，而我自己又該怎麼做。

我找不到一個偶像，一個可以學習的榜樣，所以我很迷茫。

背景就是這樣的，所以我很渴望自己早一點畢業，早一點成為一個出社會的獨立大人，所以儘管那時候身邊很多同學想著考研究所或者出國，我心裡唯一的動力就是讓自己拿到幾個 offer，然後理所當然的開始一段新的生命旅程。

只是我不知道的是，當我帶著行李在四年前的六月，搭計程車在實習的公司前下車的時候，凌晨六點的城市安靜而又陽光燦爛，可是冥冥中總有種昨天夜裡還沒褪去的繁華跟糜爛，同時向我襲來。

公司的宿舍是七月份才能安排新同事入住的，我提前一個月來實習了，我沒錢沒人依靠，所以晚上必須要找到住處。

我到辦公室找一個行政姐姐提出入住申請，她說她沒有辦法做主，但是她引薦我到辦公室主任那裡，得到同樣的回答也是她不能做主。

那一天離下班只剩兩個小時，這意味著如果不能住進員工宿舍，我今晚就要流浪街頭了，很多年過去了，我至今不知道上班第一天的我哪來的勇氣，我衝進了人力資源總監的辦公室，我帶著質問的語氣，當然也算禮貌。

我問道，公司員工宿舍是還在裝修嗎？

不是，已經整理好了，男生一間，女生一間。

那我現在為什麼不可以入住呢？

公司規定七月份才是應屆生的畢業報到時間，我也沒辦法。

我說那可以先讓我住進去，我負擔這個月的水電費開支不行嗎？

人力總監雙手交叉，嘴唇上的口紅早就吸收到沒有多少光彩了，她笑著搖頭，說這個我真的沒辦法。

我走出辦公室，去廁所歇了一會，這個時候距離下班還有半個小時。

我深吸一口氣，再一次走進了人力總監的辦公室，其實我當時覺得自己快要哭出來了，但我還是一字一句把我想要說的話說出來。

我說我是貴公司第一次去武漢高校校園徵才進來的應屆生，承蒙公司給我這個工作的機會，但是我知道這也是公司第一次租了兩間員工宿舍，這就意味著你們是知道今年的畢業季會來很多外地學生的。

宿舍已經整理好了，無論有沒有人住，每個月還是要交房租，我這個需求不算是走後門，我只是比其他的同一批新員工提前一個月來實習，這也表達出了我對公司的認可。

同樣誠心互換，我希望公司也能表達出誠意出來，而且我現在住進去，公司也沒有任何損失對不對？但是要是我一個外地人剛來這裡，居無定所，那麼試問我又有多少心思願意好好工作呢？

人力總監沒有回覆我，過了快一分鐘的沉默時間，我傻傻的站在她的辦公桌前面，把這段話說完之後，我發現之前的緊張瞬間就消失了。

然後她說了一句，先讓我打個電話。

掛下電話之後，她說已經跟總經理彙報過你的情況了，你先寫一個申請書，然後到行政辦公室那邊蓋章就好。

這時候距離下班就剩下十分鐘了，我拿出比以前寫新聞稿還要飛速的節奏，寫好申請書，填了一些表格，然後拿去蓋章，先是行政姐姐，然後是辦公室主任，最後是人力總監簽字。

我拿到了公司宿舍的鑰匙。

這就是我職場的第一天，也是我的第一場賭局，不是我主動爭取來的，我是被逼的。

於是我開始知道，只要誠心表達出自己的需求，然後強勢一點的談判，還是可以有機會改變一些既定的流程規則的。

2

那天夜裡我拖著行李到了公司宿舍，剛把鑰匙插進鎖頭，噹啷一聲，整個鎖頭就脫落掉在地上，我當時心裡的第一反應是，糟糕！我闖禍了！

雪上加霜的是，此時已經是夜裡十點了，我當時不知道可以去哪裡找鎖匠，拖著行李，走了很遠才走到稍微熱鬧的地方，然後找到一家五金店，請他們幫我安裝鎖頭。

修鎖師傅說，換鎖的話價錢有兩種，一種是四百元的，還有一種是八百元的，你要哪種？

我說那就便宜的好了。

師傅又加了一句，小姐你是一個人住吧？那我建議你還是買貴一點的好，安全一些。

就是這句話，我妥協了。

鎖匠師傅跟著我到了宿舍，他拿起掉在地上的那個壞鎖頭，皺著眉頭說了一句，這哪裡是鎖頭，就是一個玩具空殼，用來裝裝樣子的，幾十塊錢的玩意，哪能用來鎖門呢？

我默不作聲，師傅把鎖頭修好了，給我了新鑰匙，然後離去。

那一夜我開了一晚上的收音機，第一次開始懷念起在大學宿舍聽兩性節目的夜晚，然後累到入睡，早上起來手機也沒電了。

第二天上班，我拿著新鑰匙，找到昨天給我宿舍鑰匙的那個行政同事，然後開始道歉，說是我自己的問題，我弄壞了鎖頭，但是已經換上新的鎖了。

行政同事是個男生，他看到我一臉慌張的表情，忍不住笑了出來。

他安慰我，其實我早知道會這樣。

我一臉疑惑。

他說，鎖頭是我安裝的，我以為公司租員工宿舍只是做做樣子，哪想到真的會有人住進去呢？而且那個地方的環境，也的確不適合住人是吧？

那一刻我終於知道，為什麼昨天夜裡看到宿舍房間的時候，會覺得這麼荒涼，偌大的房間裡，幾個上下鋪的床架，中間擺了一張桌子，床架上有一張很硬的墊子，除此之外就再也沒有任何東西了。

我也知道為什麼這個行政男生要把公司宿舍租在這麼一棟爛尾樓，因為他沒打算過有人會住進去的情況。

我覺得自己受到了欺騙，一種比委屈還要難受的欺騙，後來我梳理出來起來了，那應該是一種自卑。

行政男生是當地人，從小到大跟父母住在一起，在他的原則裡，其他同事也跟他一樣，畢業了也不需要考慮住宿問題，所以當我前一天晚上去向他提出拿宿舍鑰匙的要求時，他像是看怪物一樣的看著我，覺得很不可思議。

行政男生似乎意識到了我情緒上的異樣，趕緊安慰我說，你安裝新鎖頭的錢我可以幫你報銷的，但是你千萬不能把這件事情告訴主管好嗎？

我追問了一句，難道上面的人不知道你把公司的員工宿舍租在那種地方嗎？

他很窘迫的笑了。

我覺得我終於抓到他的把柄了。

這件事情的後續是，我沒有把這件事情跟其他人說，我只是依舊一個人默默的上班下班，夜裡回到那個有些髒亂不堪的宿舍大樓。

我從來沒有過這般勇氣，一個人躺在床板上，半夜三更隔壁的房間裡，很多男生喝酒摔瓶子的聲音此起彼伏，窗簾外面來來往往的身影裡，但凡有一個影子只要佇立得久一些，我的心跳就會加速……

這就是我職場的第二天，**我覺得自己受到了不公平對待，可是這種不公平對待也沒有一個參考標準**，可以足夠讓我告發這個行政同事偷空減料敷衍了事，至於他有沒有把剩下的錢裝進自己的口袋，我更加不得而知，我不敢妄加推測。

這個插曲就這麼過去了，只是好玩的是，這個行政男生對我也開始友好了起來，有些新員工入職要辦理的手續，他也會很配合我來處理。

公司中午供餐，大部分人都喜歡帶著便當一起到會議室裡邊吃邊聊，我也跟著他們進去了，因為我希望可以跟大家認識得更熟悉一些。

我隨便找了一個沙發的角落坐了下來，然後有個女同事走過來，小聲說了一句，你坐了我的位置了。

我下意識的站了起來，趕緊拿起便當，挪到別的地方，然後又過來一個女生，還沒等她開口，我就又馬上站起來。

果然，她很習慣的坐下了，把披巾放到一邊，嫻熟的打開便當還有自己帶來的湯，開始跟大夥歡快的聊起天來。

這就是我職場的第三天，我覺得自己很尷尬，以前覺得那些所謂共用的資源是不存在的，這個場子裡，說的是先來後到，說的是誰誰的地盤，即使這麼一個屁股大小的方寸之地，也代表著你在這裡的被認同程度。

我不記得那頓飯我後來是怎麼吃的，只是那一次之後，我永遠都是最後一個去拿便當的人，因為這樣我才知道哪些「地盤」是我可以占據的，然後我自己悄悄的到那個角落裡吃飯，聽著他們聊天就好。

半個月後，有新的同事入職了，也是外地來的應屆生，說要入住員工宿舍，於是我提醒她，你不一定能住得進去，因為要好幾關主管的審批，然後我還告訴了她該怎麼填申請表。

結果那天夜裡她直接跟我一起到了宿舍，然後向我借鑰匙。

我問道，你這麼快就申請好了啊？

她笑著說，我把你的鑰匙拿去打一把就好了啊，幹嘛要去走那些繁瑣的程序？

我說可是這樣不符合公司的規定啊？

她說，你不說我不說，誰知道呢？再說了，我住一陣子等到比較熟悉這裡的環境了，就自己租房子搬出去了，神不知鬼不覺對不對？

那一刻，我竟然無言以對。

這就是我職場裡的第十五天，我這個死板的喜歡按照常規出牌的摩羯座，第一次就輸給了這個女同事的聰明邏輯，那個時候我不知道是喜是悲，我是第一個入住的人，**我千辛萬苦爭取來的一切，竟然就讓別人輕而易舉就得到了**。

幸虧這無關薪資，也無關升職，我們都是剛畢業出來的人，也都體會著彼此的不容易，我只是覺得有些許小小的委屈罷了。

4

轉正面試的時候，部門經理找我面談，問我最喜歡那一年的哪一部國產電影。

我回答，說是《風聲》。

他問，你能說說為什麼嗎？

我說因為我從小到大就喜歡看燒腦的懸疑片，限定到這一年的院線片，還要是國產電影，我只能說是這一部了。

經理繼續追問，還有別的理由嗎？

我說我說不出來了。

第二天，經理的助理找我，說昨天的面談經理不是很滿意，你以後是要往節目企劃發展的，應該評論一下這部電影的好壞，不管是從導演、演員、劇本、拍攝角度，都可以談一談，可是你昨天什麼都沒說。

我很緊張，經理助理告訴我，本來主管不是很滿意你的表現的，但是湊巧的是，《風聲》剛好也是主管最喜歡的一部電影，你雖然沒有作出具體的評價，但是好在你也沒有貶低它，所以你無功也無錯，算是勉強過關了。

經理助理離開會議室，我長舒一口氣，當下腦海裡的念頭就是，這真是一場僥倖啊！

這就是我職場裡的第三個月，我開始知道，我除了要做好工作本身以外，即使做不到迎合我的直屬上司的胃口，但是至少不能懷疑甚至否定他的觀點，以及品味。

不知道怎麼莫名其妙的，我從一個節目企劃變身成了一個剪輯，我很納悶，於是跟主管說，我一開始求職的職缺就是節目企劃，我拿到的 offer 上也是這個，而且重要的是，我從來就不會剪輯，要怎麼工作？

主管回答，忘掉你是怎麼進來的吧！我們現在是剪輯部門缺人了，你就過去吧，至於其他問題，你就自己解決吧！

我找到一個剪輯部門的姐姐，開始向她請教，那是我第一次意識到，這裡根本沒有給你足夠學習的時間跟空間，我不知道我當時是怎麼過來的，總之我是第二天就開始上手操控機器，然後一天下來剪出了十幾集電視劇。

那段時間我很害怕，不是覺得自己很委屈，而是覺得這件事情很大膽，我被迫去一個我完全不熟悉的職位，從零開始學起技術，第二天就剪出一堆電視劇成品，我很擔心的一件事情就是，萬一我真的有失誤，電視臺播出來的節目插進去一個奇葩的廣告，那我真是丟飯碗的可能都有了啊……

後來我才知道，節目製作是有一套流程的，我的剪輯工作完成後，還有審片部門的同事把關，出了問題節目會被退回，於是我順便又去學習了後續的一些節目製作流程，基本上半個月下來，終於才有那種感覺：我終於知道我這個職位處於整個公司鏈條上的哪一步了。

這就是我職場裡的半年，我開始學會先從公司的整個架構入手瞭解，這樣即使覺得自己只是其中的一環，但是至少我能從大格局上描繪我的工作是幹什麼的了，這種一覽眾山小的感覺，第一次讓我有些許職場人的成就感。

5

不幸的是，這個剪輯的工作我一做就是大半年，主管遲遲沒有把我調回節目企劃的職位上，我開始覺得有些疲勞跟無聊了，而這個時候跟我一起進公司的應屆生，差不多都成為了不同節目頻道的負責人，我跟他們的差距越來越大了。

轉眼滿一年了，第二年的春節結束開始上班，我還是做著剪輯的工作，跟主管提出說要換回以前的工作，他回答我，那你要等公司招進來一個新的做剪輯的替代同事了，你才能交接工作啊！

我問，那新員工什麼時候會招到？

那就不確定了。

那一年，公司開始組建市場推廣部門，也就是除了以前的純粹銷售部門，也開始重視起品牌建設這一塊，有一天來了一個男主管，據說是從競爭對手那裡挖過來的市場總監。

我某一天下班的時候，現任部門主管過來告訴我，你明天不用到剪輯部門上班了。

我很疑惑，他回答，新來的市場總監說想要你加入他們部門。

市場部？可是我完全不懂這一塊啊？

主管意味深長的笑著說，那就不是我考慮的問題了。

第二天，我就看到我原來剪輯片子那個座位上來了新的同事，然後想起之前為了換工作的事情，主管一拖再拖說是招人很麻煩，可是轉眼這就是一夜之間的事，我只不過是個打雜的螺絲釘而已。

這就是我職場裡的一年半，我覺得自己人微言輕，得不到重視，像一個皮球一樣，被別人踢來踢去。

我到了新部門，又是一片空白重新學起，只是這一次，我終於沒有那麼慌張了。慶幸的是，這一次來的新主管，居然成為了我職場裡的第一個貴人。

在做市場推廣的兩年時光裡，我開始接到了很多撰寫海報文案，寫電影影評，以及提供相關電影軟文給雜誌的工作，我從一開始的排斥，到慢慢喜歡，而後落入厭倦，然後我試著不把這個事情當做是我的工作任務，我開始把這個當成練習寫文章的闖關遊戲。

這就是我職場裡的第二年和第三年，我開始跳出為公司打工的思維，試著為自己累積一些本事，雖然那個時候的我根本不知道，每個月上十篇長長短短的文字任務對我而言有什麼用，但是我心裡有一個聲音就是，我寫下的這些東西，除了能夠換來每個月的薪水，一定還能換來別的東西，雖然我不知道那個東西究竟是什麼。

說起職場，很多人的印象就是高大上的經營氛圍，衣著光鮮的都市白領，還有殺人不見血的辦公室生存遊戲，當然也有很多職場菜鳥逆襲，贏娶白富美的拉風節奏。

這就是我如今不喜歡看職場影視劇的原因，因為真實的世界裡，比螢幕上要精彩更要刺激千萬倍，我們躊躇滿志在上班路上一秒變乞丐，我們淪為了Excel表格小妹、PPT小弟、會議記錄兼職秘書。

我們做好了迎接辦公室鬥爭的準備，結果一切的發生居然可以隱密到你自己根本辨認不出來，你會發現真正的職場裡，表演、利用、謊言、聯盟、潛規則、察言觀色才是真正的定義所在。

這就是我之前一段時間裡，對於職場的定義。

有人問，職場難道真的就這麼殘忍嗎？

其實越往高處走越複雜，這句話不是我說的，是我身邊工作十幾年的前輩告訴我的。

曾經聽到這個回答的時候，我很失望，覺得這個世界跟我想像中的完全不一樣，直到有一天我的一個朋友點醒了我，他告訴我**職場不在於它本身是什麼，而在於你覺**

得它是什麼。

如果你覺得它烏煙瘴氣各種勾心鬥爭，那麼你也會漸漸變成一個囿於心計的人；如果你覺得它能夠讓你成長和學習真本領的作用，大過於不好的那部分，那你就會漸漸脫離那種被迫，或者不得已而為之的狀態。

重要的是，你選擇自己的眼裡看到的，是哪一部分。

我追問，那還有第三種方式嗎？

他回答，按現在的就業機會跟多樣選擇，輪不到要付出自己身體或者靈魂那部分的代價，**你只需要提高自己的買方價格，有更多的主動權在手裡，你才有本錢隨時跳出當前這個複雜的遊戲圈子。**

夜裡我看到一篇關於《華麗上班族》的影評，說到影片最後的結尾，那一場李想打卡上樓的鏡頭，似乎預示著他成了這場華麗鬥爭的最後成功者，可是他真的成功了嗎？早前在李想家裡高唱「我要理想」的時候，一個黑暗不堪、佝僂著身子的蒼老身影正在手推車艱難緩慢而過。

我還太膚淺，四年的職場不足以讓我有資格評價這個名詞本身，我只是慶幸自己身為其中的一份子，這些時光裡還沒有把我的熱情、感動和以真誠換真誠這份初心給吞噬掉，從這點來說，其實我是僥倖的。

當然，這也是一種幸福，我只是期待著能維持這份幸福的歲月久一些，最好久到可以讓我證明一件事情，這個世界的好與壞本身，不是世界它來決定的，而是我們自己選擇的，僅此而已。

我們做好了迎接辦公室鬥爭的準備，
結果一切的發生居然可以
隱密到你自己根本辨認不出來，
你會發現真正的職場裡，
表演、利用、謊言、聯盟、潛規則、察言觀色
才是真正的意義所在。

成爲一個像模像樣的公主

當你成為物質跟精神上都足夠獨立的女生，
那你也會遇見那樣的白馬王子的，
而且到那個時候，即使白馬王子不再愛你了，
你也不會很狼狽，
因為你還會遇見下一個白馬王子。

有個女生留言給我，說看了你前段時間寫的一篇文章，我想跟你聊聊天，我也想跟我的先生離婚了。

我很驚恐，這絕對不是我當初寫那篇文章的用意，於是在很晚的夜裡，我回覆她，要慎重考慮這個問題，然後她告訴我，我自己已經想了很久了，只不過你的文字出現剛好是那個助力罷了。

大概所有失敗的婚姻，都會有些許共同的元素，時間長了激情流逝，生活負擔加重，彼此之間不愛交流，精神上的遠離開始同床異夢，這時候再有另外一個第三者出現，那這段已經很脆弱感情就會立刻土崩瓦解。

這個女生向我傾訴的洋洋灑灑幾千字婚姻破裂故事裡，以上的所有元素一一具備，有時候覺得這個世界很荒唐，前人用無數身先士卒的案例為我們作出表率，可是千百年來，總會有人在實際生活裡重蹈覆轍。

就像上帝早已寫好的劇本，只是等著我們這些凡人來一一應驗。

那天夜裡我自己反思了一下，難道真是非要等到小三出現了，才能冠冕堂皇的證明自己的感情是失敗的，自己之前的種種選擇都是錯誤的嗎？**難道所有那些隱形的問題，我們一直都在刻意躲避，非要等到集中爆發了才去承受這些疼痛嗎？**

儘管這些年女權主義者的聲音比以前更可以影響到更多的人，也有很多女性開始意識到獨立的重要性，可是畢竟這條道路太艱辛，女生生來感性柔軟的那部分總會難免成為自己的弱點。

而且大部分女性的狀況，也都是一開始決定要成為精神物質都獨立的女性，但是一旦有了愛情有了婚姻，過去那個精神氣十足的女孩就不見了，她們大部分的回答都是，以前是因為沒有人依靠，如今找到可以依靠的人了，所以不想那麼累了。

就是這個很無厘頭的邏輯，讓我們對婚姻失望，殊不知他本來愛上你的那部分，或許正是你特性獨行的個性，而你卻漸漸自己毀掉了這個對他而言最有吸引力的部分，這才是悲劇的初始根源。

那個留言給我的女生說了很多遍，我把他當成是我生命裡最重要的人，甚至大過於我的生命，他就是我的榜樣，我的英雄，我的太陽，他怎麼可以這樣對我呢？

因愛成恨這個原則，我覺得就是被文藝作品玩壞的，兩個當初相愛到你儂我儂的人，後來發生感情破裂，被辜負的那一方一開始失望至極，跳崖自盡，結果誤入一個神秘的山洞裡，主人公發現驚天武功秘笈，於是開始練習本領，十年後重出江湖開啟復仇之旅，把那個辜負自己的人趕盡殺絕，折磨得痛不欲生。

甄嬛傳裡的孫儷小主一開始也是清純無比的，後來一步步被逼著強大起來，然後變成最有心計的贏家，幹掉了整個後宮嬪妃，幹掉了皇后皇上，最後成為太后。

雖然我們追劇的時候看得很過癮，但我從來不覺得甄嬛是幸福的，哪怕她贏得了天下我也覺得她不快樂，因為最愛她跟她最愛的人都離開了，這是最悲劇的地方。

可是現實畢竟不是電視劇，現實中一個軟弱的女人不可能在很短的時間內，就能積聚無比強大的勢力跟資源，她最多就是抱著「既然你這般無情無義，那我也不會讓你好過」的心理，於是不顧尊嚴使勁撒潑，最好希望集齊所有人的力量去討伐這個人，好讓自己的痛苦可以減輕一些。

可是這樣痛苦就真的減輕了嗎？

再加一句疑問，**那些在你身邊口口聲聲說支持你的人，那些圍觀的道德上帝，最後真的能夠幫助你的人又有誰呢？**

如果是以前的我，一定會把重點放在道德的角度，也希望這個社會能夠做到不要讓親者痛仇者快，可是後來我細想了一下，以真實的生活本身來說，我能夠學到的唯一經驗就是，維護自己的實質權益比什麼都重要。

對方即使是再十惡不赦，但也不至於讓你沉溺於這場無休止的道德博弈中，只有及時離場及時止損，才是對自己最大的尊重和保護。

2

還有個女生留言給我，說很難跟自己的男朋友相處，因為他永遠都不知道我想要的是什麼，所以我覺得他並沒有那麼喜歡我。

我想起最新一集的《金星脫口秀》上播放了一個廣告片，採訪了幾對情侶跟夫妻，一開始是先在隔開的空間裡評價彼此。

所有的女生對自己男友或者先生的評價都是剛好及格，不滿意的細節有很多，尤其是不愛說話，一問三不答，經常冷戰，偶爾失望；然後男生這一邊，他們對自己女友或者老婆的評價竟然都極高，各種溢美之詞呈現。

廣告的最後，情侶跟夫妻們坐在一起看了前面彼此評價的那段影片，然後女生們開始紛紛流淚，感動至極，兩人相擁而泣。

我不知道這則廣告想要表達的寓意是不是就是愛要大聲說出來，但是金星在最後的那段評價我很喜歡，她說你們有發現嗎？那些在家表現很木訥的男人們，到了螢幕上，到了公開場合，就對自己的另一半各種讚嘆，可是在家的時候卻總是懶得表達。

金星還說，很多男人其實都是「悶葫蘆」，女生其實是很容易滿足的，你說個兩三句甜言蜜語她就收起脾氣來了，就是這麼一個簡單的邏輯，就如同吃飯喝水一般，卻沒有多少情侶或者夫妻願意實施到日常。

我們總是把自己想要的那部分，以為成了這是我應該得到的部分。

女人會說我勤做家務，照顧家庭，為你洗衣做飯，你應該感激我的付出；男人會說我每個月薪資上交，按時回家，為什麼你總說我做得還不夠好？

每個人要的都不一樣，我們從來沒有問過對方想要的是什麼。

藝人王祖藍在最近的一次採訪中說，他跟太太李亞男因為相同信仰而走到一起，但是他們一開始並沒有馬上投入戀愛中，而是兩人去上感情輔導課，三年後發現依舊還是喜歡彼此，然後決定戀愛，接著兩人在婚前跟婚後都有繼續去上婚姻輔導班，透過第三者提出的各種瑣碎問題來進行自我回答。

王祖藍說經歷了戀愛、婚前和婚後這三次輔導課，他們夫妻之間就再也沒有過爭吵。

王祖藍說，他的身高就是最大且無法改變的缺點，李亞男一開始也是嫌棄他這一點，可是他說試想如果我們都能夠坦誠布公的去承認彼此的不完美，然後找到彼此可以接受的理由，那麼在後來的日子裡，即使我們有矛盾，但也不至於很不體面拿對方的弱點來報復，逞一時口舌之快，即使後來和好了也是會有傷痕的。

這就是我能夠學到的部分，不刻意躲避，更不要選擇性忽略。

就像一個男人喝酒後喜歡打人，這樣的男人就是個隱形的施暴者。

這個不是舉例，是我死黨的故事，她在掙扎了三年之後依舊選擇願意嫁給他，但是在訂婚後第二天就果斷逃婚了，因為那一夜那個男人又開始發酒瘋了，她最後一點的聖母之心也被耗盡了。

我為她慶幸，因為她之前總是跟我說，那個男人不喝酒的時候真的很好，溫柔善良彬彬有禮，對她的要求也都能一一滿足，他也是她心裡的英雄，但是最後她發現就是這個英雄用他無比強大的暴力傾向，差點把她推向無法回頭的深淵。

看戀愛實境節目《我們談戀愛吧》裡的劉雯跟崔始源，劉雯在每一次的節目中都會重複那一句「歐巴很厲害，歐巴什麼都可以，歐巴就是我的英雄……」這種霸道總裁壁咚少女的男人氣概，就是讓無數觀眾癡迷尖叫的原因，就像之前看韓劇《來自星星的你》，對女性觀眾而言就是一場精神上的A片，內心的荷爾蒙不斷湧動。

我身邊有剛上大學的小妹妹告訴我，她也希望自己能找到一個崔始源那樣無所不能的男人。這就是我最害怕的地方，他們這一代互聯網原住民收看了很多偶像劇跟綜藝節目，然後把所有的美好幻想嫁接在自己身上。

這個時候我總是叮囑她，我說你的要求不過分，不過前提是你也能成為劉雯那樣，物質跟精神上都夠獨立的女生，那你也會遇見那樣的白馬王子的，而且到那個時候，即使白馬王子不再愛你了，你也不會很狼狽，因為你還會遇見下一個白馬王子。

我不希望潑她冷水，我會試著鼓勵她，**你要記著，這一切的前提是你得成為一個像模像樣的公主。**

我身邊很多女生朋友現在都已經結婚成家了，她們也會經常向我傾訴她們遇到的問題，因為她們總覺得既然你心思這麼細膩，一定可以為我開解一下，這種情況我通常都會願意跟她們聊一些具體的建議，但是只要涉及到價值觀這部分，我是從來都不敢多加妄下定論。

我身邊有個女生朋友談了戀愛，男方家要求女生必須先懷孕，而且生下男孩才能結婚，如果不是，那他們就會支付一筆錢給你就算了。

還有個女生朋友是個喜歡上班工作的人，可是婆婆要求她結婚之後必須在家當家庭主婦，她沒有辦法，第二天來到辦公室遞交辭呈收拾行李，所有的同事都說很羨慕，因為老公願意養她，可是她說那天下午搭計程車離開公司的時候，自己在車上就已經淚流滿面了。

這些女生朋友告訴我的句子永遠是，他對我很好，他家裡的要求也不是他願意的，我覺得自己還是可以勉強忍一忍，畢竟我也很愛他……

每到這個時候，我甚至都不忍心拆穿她，我說一個男人上廁所不愛沖馬桶，一年四季有狐臭，吃飯掉米粒，睡覺打呼，這些生活細節都可以透過生活經營去改善，但是涉及到他背後的家庭價值觀，這是本質問題，不是你這份愛就能改變一切的。

她們總說我很冷漠，不願意幫助她們解決困境，我說我沒有這個資格，因為這條路一開始是你自己選好的，怪不得別人。

婚姻是一件大事，它可以讓賈靜雯從一開始的嫁入豪門風光，接著是價值觀不合婚姻破裂，為了爭奪女兒的撫養權，在記者會上哭到聲嘶力竭狼狽至極，就當人們覺得她此生也就這樣的時候，她居然跟比自己小很多的修杰楷牽手結婚，還生下了兩個寶寶，瞬間一副逆襲女王的勵志榜樣。

可是這種大起大落的人生，誰又願意真的一一去經歷呢？

婚姻也是一件小事，當你覺得自己一個人的時候也能吃飯休息，社交消遣，遇上難題開始有自己的一套處理方式時，你就可以走進婚姻這個讓人又愛又恨的圍城了。

就連李健也在自己人生裡的第一場萬人演唱會上說，「遇見好的伴侶能讓人如虎添翼，此刻我就是一隻飛虎。」他還說，儘管我已經結婚很多年了，但我願意唱情歌，給正經歷著愛情或者期待愛情的人溫柔。

我想這大概就是最好的愛情吧，這麼多年的物是人非過去，你還是當初那個自己，我也還是當初的那個自己，一切好像變了，但是冥冥之中有些東西依舊沒有變。

沒有人是你一輩子的英雄，我們想找一個父親那樣的人，可是卻從來沒有人像父親這般養育過你十幾年，所以父親會把你當寶貝，因為他基於撫養原則投入了很多物力跟心力，但是如果是一個你成年後認識的男人，你不能拿愛情抵得上千言萬語來洗腦自己，認為他就是你的英雄，他就是踏遍千山萬水，踏著七彩祥雲來拯救你的人。

我才不相信這世上會有始終愛我如一的人，父母之愛是因為他們基於血緣關係的條件反射，但是說起生活裡的價值觀，會有太多讓你頭痛的地方。

再好的朋友偶爾也會因為某件事情造成爭執，要是不走運再遇上個搶奪同一個情人大戰，十幾年的友情說沒就沒那是轉眼間的事。

至於愛人，我只能用一句話來概括，得之我幸，失之我命。

願你也先成為一隻猛虎，然後迎來那個為你送上翅膀的人。

我們總是把自己想要的那部分，
以為成了這是我應該得到的部分。

那些你不想過的生活

我們不停追求自己想要的結果，
但是卻很少考慮這個方向對不對，
我們總是不停奔波於
解決一個個措手不及的難題中，
但是很多時候卻沒有醒悟到，
大部分的夢想是不可能實現的。

1

一個好友的父親在老家開了一家工廠，做的是大理石的開採工作，本身屬於危險係數比較高的工種，前幾天她留言給我，說工地上一個工人出了事故，工傷的保險又過期了，父親因為賠償的事情生意受到了很大的影響。

好友告訴我說，本來做了三年的生意已經開始慢慢回本了，這一次出事，感覺一切倒退回三年，家裡還得要下一個三年才能慢慢把生意周轉過來。

我本來想安慰她一句家家有本難念的經，結果她先跟我說，不過換個角度想想，至少我們還活著。

我的這個好友，以前是一個極度負能量的悲觀主義者，因為從小跟父母的關係不好，所以對待周遭的關心總是過於敏感，以前跟她一起上學的時候班上所有的同學都不敢惹她，因為只要稍有不對勁她就會對身邊的人發起攻擊。

可是這些年下來，她居然也被生活磨成了一個圓潤的女生，而且開始知道換一個角度去對待一件事情，要知道如果是以前遇到這樣的事情的話，她早就跟我哭訴人生的艱難以及為什麼她命運這麼坎坷的話題了。

我不禁感嘆，時間真是個偉大的東西。

我閨密的母親前段時間生病了，因為老家的醫療設施不好，醫治很久也沒有見效，於是閨密就把母親接到大城市就醫。

這幾個月裡，她每天早上六點起來陪母親去醫院掛號問診，排隊拿藥，安排好母親打點滴的事宜，她就飛奔去趕公車到公司上班，晚上下班回家的時候她就回到租屋處陪母親聊天，緩解母親的憂鬱心情。

有一天她打電話給我，說她這兩年存的錢全部都花掉了，還不夠給她母親治病，於是她又向自己的親戚借了五萬塊錢，她告訴我她現在全身上下加起來就三千塊錢了，而且這個月的房租還沒有交。

我很擔心她，可是她卻慢慢的分析著自己的情況給我聽：一是等到交房租的日子，我的薪資剛好發下來，這樣就不會出現資金斷層了；二是跟我關係很好的同事和客戶之前都說約我吃飯，我一直說沒有時間，現在我終於可以光明正大的去蹭飯了，這樣想著這個月的飯錢又省了不少。

閨密告訴我，也就是說，我這個月還熬得過去，能盡量不跟你借錢就不跟你借，還有我現在就要開始幫我的兩個弟弟存學費，九月份就要開學了，幸好這幾年高中的學費一直沒漲，我也算是感激的啦！

我跟這個閨密有將近十年的情誼了，這些年裡尤其是這兩年的時間，我們討論過很多關於自己夢想清單的事情，也就是說我們都屬於那種做著很多白日夢的人，她告訴我很多她的願望清單，每一個開心的日子都會跟我描繪她所嚮往的那些美好的期待，即使這一刻我們還蝸居在自己租來的小房子裡，即使我們每天還擠公車地鐵奔波在上班的路上，即使我們總是周而復始的被家裡的各種家長里短搞得雞犬不寧。

可是也是因為這樣，這些年下來我們都磨出了一個狀態，就是上一秒剛剛哭訴完最近的不好經歷，下一秒就會開始激勵自己依然要熱愛生活，依舊該玩樂該高興，該好好工作都去一一經歷。

2

這幾天我把美劇《復仇》（Revenger）系列全部看完了，這部被譽為女版基督山伯爵的故事，女主角艾米麗因為小時候父親被冤枉入獄，開始了長達十幾年的報復生活，在這些格局裡她也會被別人報復，然後冤冤相報了無盡頭。

看到劇終的時候，艾米麗身邊幾乎所有的朋友跟愛人都死掉了，最諷刺的事情是，她的父親承受了二十年的牢獄之苦，被女兒艾米麗拯救出來之後得了淋巴癌，不久後也離開人世，也就是說他們父女倆團聚在一起的時光根本就沒有多少。

雖然女主角最後醒悟，決定航海旅行開始新的人生，但是這個看似完美的結局並沒有讓我高興半分，反而讓我陷入了很沉重的思考。

我開始覺得生活就是一個無限迴圈的黑洞，我們不停追求自己想要的結果，但是卻很少考慮這個方向對不對，我們總是不停奔波於解決一個個措手不及的難題中，但是很多時候卻沒有醒悟到，大部分的夢想是不可能實現的。

那麼問題來了，當我們知道盡其一生也可能無法實現而夢想的時候，我們該怎麼辦呢？

我目前能夠說服自己的答案，一是去接受這個事實的存在，即使它很殘忍而又無奈；二是去嘗試分析整理我們人生事項的優先順序排序，這樣才能給自己一個清晰的脈絡方向。前者是一個心理跟哲學上的思考，而後者是我們每一個人都可以用來執行的引導方式。

你有沒有發現，在工作上我們總是會給自己很多的方法，比如各項工作的優先順序排序，根據重要跟緊急的程度去劃分四個象限，做專案管理的時候會用全腦模型劃分出各個部分的整體框架，我知道這些也都是很正向的思考方向。

可是很多時候，我們都忘了要把自己的人生做一個優先順序排序。

前段時間看到朋友們在討論一個議題，就是大學生應不應該輟學去創業，尤其是在這個全民提倡互聯網甚至是互聯網＋的時代裡，加上也有不少成功的榜樣做典範，於是很多迷茫的大學生蠢蠢欲動，想著能今天造出一個 APP 明天就去納斯達克敲鐘了。

後來我看到了一個我很受用的答案，大概的意思就是，創業是一件成敗摻半的事情，但是讀書或者說在大學接受更多的教育永遠不會是一件無用的事情，雖然會有人反駁我們的教育很垃圾，但是那並不代表就沒有人努力了，有很多人依舊在圖書館，在自習室裡吸收前人累積下來的有用思考。

所以總體來說，創業是有很多機會的，但是用大把的時光去完善自己學識的機會，可能人生就這麼一個階段能做，這段時光也是一去不復返的了。

3

上周我收到一個女生的郵件，她說自己的故事很平庸也很簡單，就是一個軟弱的女大學生的迷茫，可是我從頭看下來這不是一個軟弱女生的故事，而是一個雜亂無章把自己逼到生活盡頭的故事。

這個女生是今年的大學畢業生，畢業求職也十分艱難，一開始找到一個物業公司的穩定工作，但是後來放棄了然後去了一家外商服裝零售業，她在來信裡告訴我，即使一開始聽說這家公司非常非常累，我還是義無反顧的來了，覺得薪水更可觀，晉升方面也更有潛力。

但是這份工作每天十一個小時的工作時間讓她無法負荷，加上工作中的瑣碎事情造成的挫敗感，對比以前在大學的順風順水很是受傷，另外就是這個女生得了一種奇怪的病，關節疼痛與日俱增，說有一次自己在站著工作十個小時後，右腿關節沒辦法活動，在廁所摔倒了，而且最重要的是，她告訴我：「我真的不喜歡我的工作內容，以及以後晉升後會面臨的工作狀態。」

按道理自我分析到了這個程度，這個女生應該自己明白該怎麼做選擇了，可是她一一把自己給圈進一個死局當中了：我發現簽署勞資合約是很麻煩的一件事，我也不知道如果辭職了會不會要支付更高額的違約金，我更不敢辭職回家調養身體，一是我害怕待業這個痛苦的過程，二是回家裡我不知道我能不能接受自己變得不優秀，要平庸並且在生存線上度過我的一生。

來信的末尾，女生問我，人生究竟什麼才是最重要呢？身體？快樂？金錢？自尊？未來？地位？當這些都衝突了，全部攪在一起一團亂麻的時候又該怎麼選擇呢？

我盯著這個很大的議題心裡想了很久，我想要確保自己不要拿那些「你需要勇氣做出抉擇」的話語來答覆，然後我突然想給這個女生潑一盆冷水：**對不起，你想要的太多了。**

4

我想說說我自己的故事。

大三那一年我參加體檢的時候也得了一場病，我開始去醫院檢查驗血吃藥，那段時光應該是我生命裡最憂鬱的日子了，我每天夜裡失眠，不是害怕自己會死掉，而是害怕自己的將來一無是處，我害怕不能找到好的工作，不能遇見更多的朋友，我害怕自己不能建立家庭，我害怕自己不能旅行看看外面的世界。

那個時候的我覺得自己的未來就是一片黑暗，然後想到我這一輩子就這樣了，這種恐懼感就像置身於深海裡無法呼吸的那個自己，看身邊的魚兒歡快的游來游去，我卻沒有辦法動彈，我大聲哭泣叫喊，卻沒有任何人聽見我的聲音。

也就是那個時候我罹患了憂鬱症。

這個故事沒有激勵人心的結局，我是自己把這個困局解開的。

那個時候我已經開始喜歡看美劇了，跟很多懸疑劇一樣，《靈書妙探》（Castle）裡的女主角貝克特也是個多災多難的人，生活裡各種措手不及的事情都會向她襲來，她需要處理很多人的遭遇，以致於她很壓抑慌張，可是後來男主角開導她的方法是：**你不能奢望一下子就解決所有的難題，你應該先集中一個人的問題，解決好了再去解決另一個人的，否則如果所有的事項都堆積在一起，那你一件事情也完成不了。**

於是我開始試著梳理我當前的困局，我開始調養自己的身體，不再去想未來的事情，然後定期去醫院做檢查配合治療，同時保證這個學期的作業能夠完成，期末考試能夠過關，那段時間裡我還說服舍監大叔讓我養了一隻小狗，讓自己保持歡快的心情。

我把健康放在我此時此刻的第一位事項，同時兼顧著不要把學習弄糟就好。

這種狀況持續了一年，大四的時候我的病已經完全好了，那個時候我開始投入精力參加實習，完成論文，以及奔波找工作，一切跟其他的同學沒有不同。

等到畢業那一天很多同學在聚餐傷別離的時候，我心裡回想了一下，幸虧我這個最糟糕的狀態發生在大三，否則如果是畢業季的話，我根本沒有辦法想像自己如何承受得過來。

經歷過這件事情之後，我開始用這個邏輯去處理很多遇到的困難以及思維裡的困境。

比如剛進入職場的時候，我告訴自己盡可能多的鍛煉自己，這種鍛煉並不僅僅是在具體的工作上要多做事少廢話，這種鍛煉在於我要說服自己不去羨慕那些薪水條件比我更好的同學，因為我目前做的這一份工作恰好還算是我比較喜歡的，從這一點來說我的上班愉悅感要重要得多。

比如說我在郊區住了一年，每天六點起床轉三趟地鐵趕到公司上班，夜裡回到家過了十點但是因為薪水不高不敢上館子，於是吃了好幾月的速食，我當時給自己的安慰就是，這也是我生活必須經歷的一個階段，只要我堅持下去就一定會有改變。

也就是說，從大三那一次的經歷開始，對於同一件事情我不再拿負面的情緒去對待它，**雖然很多人的說法是想法的改變，我開始用樂觀的一面去面對事情，但是真正**

的想法是我自己在心裡已經明白，正是因為我心裡有夢，我要先把我不想過的生活過過一遍了，那樣我才能走上一條追逐自己的路。

5

我在大理旅行的時候遇到的民宿老闆，剛過四十的他已經算是事業有成財務自由了，接下來他的人生規劃就是雲遊四海，他說自己經歷了很多大風大浪，是該靜下來去享受純粹旅行在路上的日子了，於是他也邀請我跟他一起去探尋所謂的更大的世界。

那天聽到他的邀請我開玩笑說了一句，我還得先養活自己才行，民宿老闆說養活自己並不難，行走在路上有很多方式的，我最終還是拒絕了，我說我還有未完成的事情要去做，我還有很多苦難還沒經歷，我還沒有資格看破紅塵心無旁騖。

這幾天我在整理我的夢想清單，發現好多以前看似很遠的事項一點點都做到了，比如說獨自旅行，看一次薰衣草莊園，夜晚山頂看星星，迎接海上日出，還有出了書，跟陌生人來一場對話，又比如說三十歲前把自己嫁出去，找到一個閨密伴我此生……

夜裡看到這些的時候我不會被自己感動，因為我知道我也曾經歷過那些我不想過的生活，而且現在還在經歷著，所以這些也都是我應得的部分。

佛學裡有個觀點，說的是人生來就是受苦的，生老病死，愛恨別離，所有一切都是受苦，我不否認這個觀點的存在，但是我覺得正是因為明白了這個邏輯之後，我們可以更加坦然的接受每一個階段所要承受的不好，經歷過很多我們以為自己無法承受的痛，然後才有可能有本錢去追尋另外一層高境界的東西。

那些你不想過的生活，一直有人正在過著，那些你一直認為很難的遭遇，其實不過就是生活本身，你覺得自己不該遭遇這些，可是試想又有多少人生來就是含著金湯匙出身的呢？而且在他們那個看似輝煌光鮮的階層裡，難道就可以躲避掉更多的考驗跟磨練嗎？

柴靜以前寫過一篇關於老兵的文章，「沒有深夜痛哭過的人，不足以談人生」，於我們大部分人而言，生活雖不至於這麼跌宕起伏經歷傳奇，但是沒有經歷過那些你不想要的生活，更不足以談人生，因為根本就不存在這樣的人生。

高曉松他媽也說，生活不只有眼前的苟且，還有詩與遠方，那麼就讓這些苟且一場一場的撲面而來，繼而被打敗，然後換一場屬於我的詩和遠方。

夜裡冥想的時候，我總會問自己為什麼要想這麼些無聊的問題，還要嘗試著去尋找答案，然後我會在心裡告訴自己，或許是**這一生於我而言，不冒險才是最大的冒險，反之亦然，冒險才是最大的不冒險**。

雖然很繞口，但是我覺得一定有人讀懂了，會是你嗎？

可是很多時候，
我們都忘了要把我們的人生
做一個優先順序排序。

微文學30

生活沒有變得更好，只是我們變得從容

作　者——達達令
主　編——楊淑媚
責任編輯——朱晏瑭
書名手寫字——渺渺
封面設計——張巖
內文設計——林曉涵
校　對——朱晏瑭、楊淑媚
行銷企劃——林舜婷

第五編輯部總監——梁芳春
董事長——趙政岷
出版者——時報文化出版企業股份有限公司
一〇八〇三臺北市和平西路三段二四〇號七樓
發行專線——（〇二）二三〇六六八四二
讀者服務專線——〇八〇〇二三一七〇五
（〇二）二三〇四七一〇三
讀者服務傳真——（〇二）二三〇四六八五八
郵撥——一九三四四七二四　時報文化出版公司
信箱——臺北郵政七九九九信箱
時報悅讀網——www.readingtimes.com.tw
電子郵件信箱——yoho@readingtimes.com.tw
法律顧問——理律法律事務所　陳長文律師、李念祖律師
印刷——勁達印刷有限公司
初版一刷——二〇一九年十一月二十二日
定價——新臺幣三二〇元

ISBN 978-957-13-8013-1
Printed in Taiwan

生活沒有變得更好,只是我們變得從容 / 達達令作. -- 初版. -- 臺北市 : 時報文化, 2019.11
面； 公分

ISBN 978-957-13-8013-1(平裝)

1.生活指導
177.2　　108018311